Maison d'édition marseillaise
dédiée au plein air et à l'aventure

Éditions du Chemin des Crêtes

L'aventure au fil des pages

RANDO-BIÈRE DANS LE MASSIF DU JURA

Belles balades et brasseries artisanales de qualité

Doubs, Jura, Ain

Philippe Bertin

Textes et photographies : Philippe Bertin

www.chemindescretes.fr
Graphisme et mise en page : Margaux Fédensieu et Milovan Stanojevic
Cartographie du sommaire : Jérémy Garniaux

Cartographie : © IGN, 2023
Cartes : Maxime Rebella
Imprimé à Péronnas par Sépec en avril 2023 - 07984230143
Dépôt légal 1er semestre 2023 - ISBN : 979-10-95743-46-0

INTRODUCTION

DOUBS

JURA

AIN

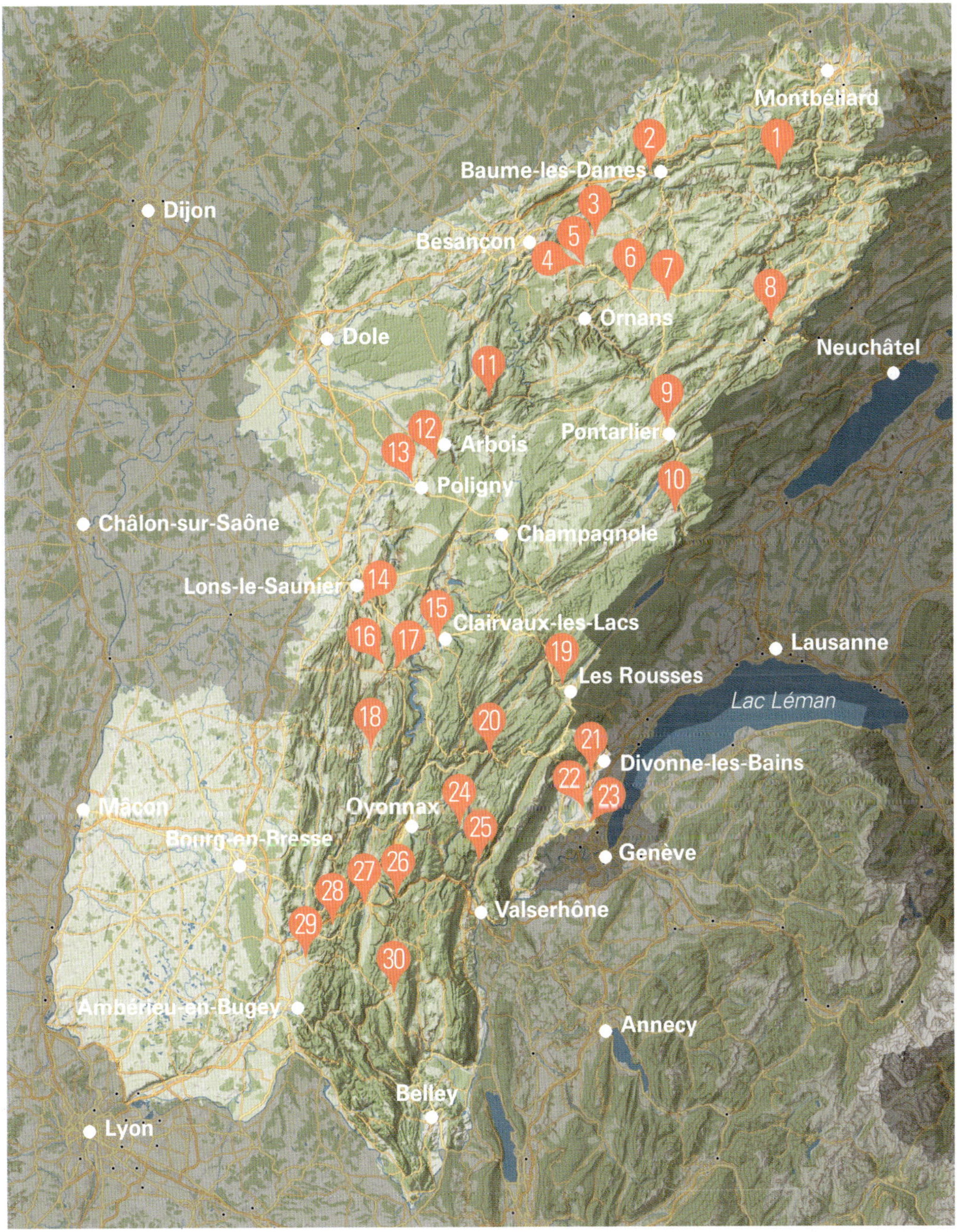
Montbéliard
1
2
Baume-les-Dames
Dijon
3
Besançon
5
4
6
7
8
Ornans
Neuchâtel
Dole
11
9
Pontarlier
12
Arbois
13
Poligny
10
Châlon-sur-Saône
Champagnole
14
Lons-le-Saunier
15
Clairvaux-les-Lacs
Lausanne
16
17
19
Les Rousses
Lac Léman
18
20
21
Divonne-les-Bains
22
23
Mâcon
24
Oyonnax
25
Bourg-en-Bresse
Genève
26
27
28
Valserhône
29
30
Ambérieu-en-Bugey
Annecy
Belley
Lyon

DÉMARCHE DE L'AUTEUR

Le massif du Jura est une chaîne de montagnes qui s'étend, principalement le long de la frontière franco-suisse, sur plus de 350 km. Animé d'une passion pour la flore de montagne et la randonnée en toutes saisons, j'aime le parcourir via des itinéraires originaux qui s'inscrivent dans la continuité des divers massifs montagneux arpentés durant de nombreuses années. Aussi, la réalisation de ce livre fut l'occasion de découvrir davantage ses particularités climatiques, géologiques, historiques et gastronomiques. Afin d'éviter toute confusion vis-à-vis des divers découpages administratifs, les brasseries artisanales présentées dans cet ouvrage sont localisées dans les trois principaux départements concernés : le Doubs et le Jura en région Bourgogne-Franche-Comté et l'Ain en région Auvergne-Rhône-Alpes. En particulier, elles ont toutes été volontairement choisies pour leur situation au sein même du massif. La liste des brasseries retenues n'est donc nullement exhaustive.

REMERCIEMENTS

En premier lieu, il m'importe de remercier Juliette et Tristan du Chemin des Crêtes pour l'intérêt qu'ils ont rapidement manifesté lorsque je leur ai proposé ce projet consacré au massif du Jura. Leur confiance et leurs encouragements en ont permis la réalisation.

Merci également à l'ensemble des brasseuses et brasseurs qui ont bien volontiers accepté de se prêter au jeu. Les rencontres avec des personnes passionnées et issues d'horizons variés ont constitué une agréable découverte et une source d'enrichissement.

Enfin, merci à Cécile pour sa présence lorsqu'il s'agissait d'enchaîner au fil des jours randonnées et visites de brasseries, pour la relecture des textes et l'examen des innombrables photos et pour son indéfectible soutien durant tout ce cheminement.

BIBLIOGRAPHIE

Techniques, procédés et histoire

BEAUCHAMP Sylvain,
Et la bière fut ! Ales et Lagers racontées par un brasseur français, Berger, 2012.

GILLARD Emmanuel,
La bière en France, Projet amertume, autoédition mise à jour annuellement, disponible sur : http://projet.amertume.free.fr/bbf.htm

GRIFFON Danny et HÉBERT Jean-Paul,
Toutes les bières moussent-elles ? 80 clés pour comprendre les bières, Quae, 2019.

Dégustation, accords

LÉVESQUE-GENDRON David et THIBAULT Martin,
Les saveurs gastronomiques de la bière, coll. « Optiques », Éditions Druide, 2013.

PIERRE Élisabeth,
La petite encyclopédie de la bière, Hachette Pratique, 2019.

Fictions

VAN HAMME Jean, VALLÈS Francis,
Les Maîtres de l'orge, Glénat, 8 tomes, 2014.

AVERTISSEMENT

Les itinéraires proposés dans ce livre et leur niveau de difficulté sont donnés à titre indicatif, sans préjuger de leur évolution future. Ils peuvent, à des degrés divers, se révéler potentiellement dangereux par la configuration des lieux ou les conditions du moment (passage exposé, terrain glissant, etc.). En aucun cas, l'auteur et l'éditeur ne pourront être tenus pour responsables d'un défaut de prévoyance de la part des pratiquants et des conséquences éventuelles en cas de problème ou d'accident.

LA BIÈRE : APERÇU HISTORIQUE

La bière est un breuvage difficile à dater précisément. Il est attesté que la découverte de ce qu'on pourrait appeler une boisson de malts fermentés, se situe quatre mille ans avant l'ère chrétienne[1]. On situe géographiquement les premiers vestiges de la fabrication et de la consommation de « bière » en Mésopotamie, entre le Tigre et l'Euphrate, dans les ruines babyloniennes. Puis, plus tard, à Sumer[2], au IV et IIIe millénaire avant l'ère chrétienne. C'est notamment dans le code d'Hammurabi, texte juridique babylonien gravé sur une stèle de basalte noir et rédigé en écriture cunéiforme et en langue akkadienne, datant de 1750 av. J.-C., que l'on trouve les premiers écrits juridiques concernant l'élaboration de la bière.

La boisson d'alors se nommait « *sikaru*[3] » et a toujours fait partie des cycles et des phénomènes de pratiques spirituelles tout au long de l'histoire antique. *Sikaru* est une offrande à la déesse Ninharra en Mésopotamie, de même que pour le Dieu Mardouk dans l'empire babylonien. C'est une boisson sacrée également en Égypte antique, protégée par Isis, déesse de l'orge, et Osiris, patron des brasseurs[4]. La boisson d'époque sikaru est bien loin de ce que nous consommons actuellement.

La bière comme nous la connaissons aujourd'hui nous vient de la culture monastique, dès 862 ap. J.-C., comme l'attestent les témoignages de moines durant l'époque carolingienne. Il s'ensuit le développement de plusieurs brasseries d'abbayes et l'apparition d'un brassage « maison » où les brasseurs sont des brasseuses.

---

1. B. HELL, *Bière & Alchimie*, 2015, Chap. « Une tradition millénaire », p. 5

2. Nom d'origine inconnue, désignant la partie méridionale de la Mésopotamie antique, souvent opposée à la partie centrale, ou pays d'Akkad. Née entre 3 500 et 3 000 av. J.-C., la civilisation sumérienne est le fruit de la lente évolution de populations non sémites installées sur les terres de basse Mésopotamie depuis la fin du VIe millénaire. http://www.larousse.fr/encyclopedie/autre-region/Sumer/145506

3. B. HELL, *Bière & Alchimie*, 2015, Chap. « Une tradition millénaire », p. 5

4. *Ibid*, p. 7

Les premiers écrits concernant une production de la bière de manière artisanale, en volume conséquent, se situent en Alsace, aux alentours du milieu du XIIIe siècle.

S'ensuit une évolution de la production de la bière territoriale où l'Alsace et la Flandre jouent un rôle important. Puis, à la fin du XIXe et au début du XXe, la révolution industrielle modifie très largement le paysage brassicole français. Le déplacement du savoir-faire alsacien aux quatre coins de la France permet la création de plusieurs grandes brasseries françaises, notamment dans le Sud-Est : la brasserie de Loire, la brasserie Georges et les brasseries de la Méditerranée fondées à Marseille par Geoffrey Velten, arrière-arrière-petit-fils d'une lignée de brasseurs alsaciens.

C'est donc par le développement de matériels mécaniques industriels, à vapeur notamment, que la possibilité de créer du froid, avec les refroidisseurs à plaques, et les avancées microbiologiques de Pasteur, pour ne citer que lui, vont fondamentalement faire muter le marché de la bière et permettre une forte augmentation de la production par l'accélération des processus de fabrication.

Depuis une vingtaine d'années, la brasserie artisanale française se renouvelle et reprend des codes issus du renouveau nord-américain *craft beer*. Ce mouvement se base sur l'indépendance des moyens de production et de distribution vis-à-vis des multinationales agroalimentaires et promeut des bières vivantes, originales et marquées territorialement, comme un écho à l'explosion de la consommation en circuits courts et la prise de conscience quant à la production industrielle mondialisée et oligarchique. En effet, trois groupes industriels détiennent plus de mille quatre cents marques de bières dans le monde[1].

Rami Dahdah

1. Trois groupes détiennent plus de 70 % du marché français ; AB InBev, Heineken et Carlsberg. M. DAMGE, Les Décodeurs pour *LeMonde.fr*, « Ces trois groupes industriels qui rassemblent plus de 1 400 marques de bière », juin 2017.

LA FABRICATION DE LA BIÈRE

Si vous avez déjà demandé à un·e brasseur·se pris·e par le temps de vous expliquer l'élaboration de la bière, peut-être vous a-t-on répondu : « *C'est comme faire des pâtes, mais à la place de jeter l'eau et garder les pâtes, vous faites l'inverse mais avec de l'orge !* » Si nous passons sur la provocation manifeste de cette réponse, nous ne pouvons contester pour autant sa véracité. Mais pour saisir le sens de cette incroyable comparaison, il nous faut passer par quelques explications.

En réalité, la bière peut se définir assez simplement comme « une boisson alcoolisée à base d'orge fermentée ». Mais cette définition pose également le premier problème du brassage. Comme vous le savez sûrement, la fermentation est la transformation de sucres en alcool et en CO_2 par des levures et,

malheureusement, l'orge ne contient pas de sucre fermentescible. Il contient en revanche de l'amidon qui s'avère être une molécule en forme de chaîne dont les maillons sont composés de glucose ! Cet assemblage est donc trop complexe pour être consommé par nos levures mais grâce à des ciseaux moléculaires appelés communément « enzymes », nous pouvons découper l'amidon en sucres plus simples et donc fermentescibles.

Pour mieux comprendre ce processus, faisons un détour en malterie car il est temps de décrire les étapes nécessaires au brassage et de s'intéresser au premier des quatre éléments essentiels constituant la bière : le malt d'orge.

1. Le maltage

Le processus de **maltage** consiste à hydrater des grains d'orge en les trempant pendant deux ou trois jours dans l'eau puis de les faire germer afin de libérer les fameuses enzymes dont nous avons besoin. Afin de stopper la germination pour conserver les enzymes, les malteurs et malteuses procèdent au **touraillage**, c'est-à-dire au chauffage des grains, pour les sécher et leur donner une couleur particulière (du blond au noir, en passant par le caramélisé) qui amènera sa robe à la bière par la suite, en fonction des malts ajoutés.

Vous savez désormais d'où viennent les enzymes et la couleur de la bière, il nous faut à présent comprendre comment ces enzymes vont nous servir. Équipez-vous donc de deux casseroles, d'une passoire assez fine (repensez aux pâtes !) et d'un thermomètre. Nous pouvons passer à la deuxième étape du brassage : l'**empâtage**.

2. L'empâtage

Il consiste à faire chauffer le deuxième élément essentiel : l'eau. La température cible doit se situer entre 60 °C et 70 °C, températures auxquelles nos enzymes sont efficaces. Si vous avez peur de l'ennui, rassurez-vous : le **concassage** des grains pourra vous occuper pendant que l'eau chauffe.

L'idée est d'éclater grossièrement les grains d'orge afin de rendre l'amidon disponible pour les enzymes. Attention cependant à ne pas dégager trop de farine ! Comme vous vous en doutez, nous allons ensuite filtrer les céréales (et la farine dans l'eau complique la tâche).

Une fois les grains concassés et l'eau chauffée, on ajoute ces grains dans l'eau et les enzymes entament leur travail de découpe. Il existe deux enzymes sollicitées lors de cette étape : l'*alpha-amylase*, qui découpe l'amidon en sucres non fermentescibles, donc résiduels dans la bière finale, et la *bêta-amylase*, qui transforme l'amidon en sucre fermentescible. Nous pouvons choisir de favoriser le travail de l'une ou l'autre enzyme en jouant sur la température. En effet, autour de 60 °C, le travail de la bêta-amylase est facilité alors qu'en approchant les 70 °C, c'est l'alpha-amylase qui est davantage sollicitée. Le corps de la bière, rond ou sec, est donc construit à cet instant ! Après une heure d'**empâtage**, un test à la teinture d'iode peut être opéré pour constater la présence ou l'absence d'amidon (comme vous l'avez sûrement déjà fait avec du pain ou des pommes de terre en cours de physique-chimie !). Le moût est le liquide à présent coloré et odorant, présent dans notre casserole avec la céréale, qui donnera, à terme, notre bière.

3. La filtration

Vient ensuite l'étape de la **filtration** du moût car, depuis l'Égypte antique, nous savons qu'il est plus agréable de boire la bière sans la présence des grains au fond du verre. Pour ceci, la passoire et la deuxième casserole vont nous être utiles ; la comparaison avec les pâtes est désormais évidente ! Une fois le moût récupéré dans la deuxième casserole et les céréales filtrées (appelées « drêches ») dans la passoire, l'étape du **rinçage** peut s'effectuer.

4. Le rinçage

Il nous permet de venir chercher les sucres coincés dans les drêches tout en venant compenser la perte en eau que nous allons subir tout au long du processus de brassage. Car, non seulement les drêches vont rester gorgées en eau, mais l'étape suivante consistant à faire bouillir le moût pendant une heure, il va bien falloir anticiper l'évaporation.

5. L'ébullition

Ainsi, l'**ébullition** nous permet de stériliser le moût avant de pouvoir ajouter nos levures. Ces dernières auront donc à leur disposition un espace sain pour vivre, sans rentrer en guerre avec tout un tas de bactéries sauvages qui transformeraient notre bière en bouillon aigre en cas de défaite. Mais si l'ébullition dure une heure, c'est surtout pour procéder à l'infusion du troisième élément primordial : le houblon. Cette plante merveilleuse est à l'origine d'une bonne partie des arômes de la bière ainsi que de son amertume. Il suffit d'en ajouter au début de l'ébullition pour que le houblon dégage tout son potentiel d'amertume. Toutefois, les arômes étant volatiles, il est nécessaire d'en ajouter également à la fin pour imprégner le moût de ses arômes, allant du floral au fruité.

Après une heure à regarder tout cela bouillir, nous pouvons envoyer le moût dans un fermenteur avant de l'ensemencer avec le quatrième et ultime élément constituant la bière : la levure. Cependant, dans une eau à 100 °C, les levures ne tiennent pas longtemps… Une dernière étape s'impose donc : le **refroidissement**.

6. Le refroidissement

L'idée est de faire descendre la température dans la marge de degrés correspondant à la levure sélectionnée ; soit aux alentours des 20 °C pour des levures de fermentation haute et de 10 °C pour des levures de fermentation basse.

Cette étape est la plus délicate car notre moût étant stérile, absolument tout ce qui rentre en contact de près ou de loin avec celui-ci doit être nettoyé et stérilisé (thermomètre, fermenteur, sachet de levure…).

Une fois le **refroidissement** terminé, les levures peuvent être ajoutées.

Les trois grands types de fermentation

- La **fermentation haute** (levure Ale) donne une complexité aromatique.
- La **fermentation basse** (levure Lager) a une durée de conservation supérieure.
- La **fermentation spontanée** utilise des levures sauvages naturellement présentes dans les ingrédients (ou même dans l'atmosphère !). Dans ce cas précis, le moût doit être laissé à l'air libre ; la bière qui en résulte est caractérisée par une franche acidité.

Quelques heures plus tard, la **fermentation primaire** commence. Les levures consomment alors l'oxygène présent dans le moût et transforment le sucre fermentescible issu de l'amidon en alcool. Elles génèrent également du dioxyde de carbone, ce qui va créer une forte pression dans le fermenteur ; il est donc nécessaire d'installer un système permettant au CO_2 de s'échapper sans pour autant que l'air puisse rentrer. Un simple barboteur (siphon en plastique rempli d'un liquide aseptisé) placé sur le couvercle ou le bouchon du fermenteur fera l'affaire.

Cette fermentation alcoolique dure, en moyenne, une semaine. S'ensuit la **fermentation secondaire** (ou garde) pendant laquelle les levures travaillent sur l'affinage des saveurs. Pour clarifier au mieux le moût, la fin de la garde peut s'effectuer à froid. À basse température, les particules troublant la bière descendent au fond du fermenteur, c'est la **sédimentation**. Il est d'ailleurs possible d'ajouter du houblon pendant ces quelques jours, ce qui permet d'exploiter au maximum ses arômes, sans pour autant dégager d'amertume supplémentaire : c'est le **houblonnage à cru**.

Enfin, au bout de deux semaines, la bière est terminée. Mais il subsiste un problème de taille : le barboteur laissant s'échapper le gaz, la bière est encore plate. Une dernière fermentation doit être lancée en bouteille afin de dégager une quantité limitée de CO_2, qui se mélangera à la bière et lui conférera ses bulles. Les bouteilles doivent impérativement être stériles. L'astuce est de transférer le moût dans une casserole de resucrage en laissant la lie (le dépôt des levures mortes) dans le fermenteur afin de pouvoir mélanger sereinement le sucre, et ne pas se retrouver avec un dépôt de la taille d'un pot de yaourt dans la bouteille.

Pour éviter d'avoir à encapsuler chaque bouteille, il existe un allié de taille, c'est la bouteille à fermeture mécanique ! Certain·e·s d'entre vous vont certainement frémir mais cette bonne vieille bière alsacienne au verre brun et au bouchon mécanique saura vous faciliter l'embouteillage. Une fois les bouteilles remplies, il ne reste plus qu'à attendre… La refermentation dure environ deux semaines. Puis l'apéro, oups, la dégustation peut avoir lieu ! Après une bonne randonnée, par exemple !

Vous voilà donc initié·e·s à l'ancestral art du brassage ! Et vous devez certainement avoir l'impression que ce processus, c'est quand même beaucoup de temps à attendre ; attendre que l'eau chauffe, attendre que la fermentation se fasse… Effectivement, le travail du brassage consiste essentiellement à mettre en place des environnements propices à l'activité de micro-organismes. C'est justement là qu'est la magie du brassage. Cette profession est pluridisciplinaire, au croisement entre la cuisine, la chimie et la microbiologie.

Les possibilités sont infinies et lorsque l'on dépasse les bases abordées dans cette modeste initiation, de multiples saveurs provenant de sucres ou d'amidon (comme des fruits, des plantes ou des pâtes) peuvent être travaillées.

Corentin

LES LÉGENDES DES PICTOGRAMMES

La quantité d'alcool

ALC

Cela correspond à la **quantité d'alcool pur** contenue dans 100 ml. Si une boisson fait 35° (ou est concentrée à 35 %), cela signifie que 100 ml de cette boisson contiennent 35 ml d'alcool pur. Plus le degré est élevé, plus la boisson est concentrée en alcool pur.

L'amertume de la bière

DOUCE LÉGÈRE MODÉRÉE PUISSANTE

Cela correspond à l'**amertume de la bière proposée**. Quatre paliers existent pour ce livre : bière douce, légère, modérée et puissante. Rappelons tout de même que l'amertume est captée de manière très inégale selon les personnes, il est donc très plausible que vous ne soyez pas du tout d'accord avec votre voisin·e de bar sur cet aspect de la bière.

En brasserie, le « taux d'amertume » est appelé **IBU** pour *International Bitterness Unit*, c'est une unité de mesure, oui oui ! L'amertume provient principalement du houblon.

La couleur de la bière

BLANCHE BLONDE AMBRÉE BRUNE

Comme vous le savez à présent (puisque vous avez lu les pages précédentes de ce livre), selon le malt utilisé dans le processus de brassage de la bière, la couleur d'un breuvage peut aller du jaune clair au noir intense. Nous donnerons donc dans ce livre des indications sur la **couleur de la bière proposée** : blanche, blonde, ambrée et brune. Cependant nous tenons à rappeler aussi que les bières ne se décrivent pas uniquement par leur couleur, mais plutôt par leur « style ». Pour cette raison, vous retrouverez souvent un style associé à une bière : une Lager, une Pale Ale, une Stout, une Porter, une Gose, une India Pale Ale… Et si vous n'avez pas le secret de tous ces styles de bière, jetez donc un œil au lexique à la page suivante !

La saveur de la bière

FRUITÉE FLORALE MALTÉE ÉPICÉE HERBACÉE

Différents pictogrammes viendront vous aiguiller sur les **saveurs** que vous pourrez retrouver dans les bières proposées. Les différents items sont définis en fonction des goûts et saveurs : fruitée, florale, maltée, épicée et herbacée.

Ale

D'origine scandinave øl, Ale désigne de manière générique les bières en fermentation haute.

American Pale Ale

Style de bière ayant pour caractéristiques un houblonnage très aromatique et une rondeur prononcée.

Bitter

Bière de style anglais définissant des Pale Ale légèrement amères.

Brassin

Opération unitaire de production de bière.

Brewpub

Bar produisant sa propre bière. Il existe également les versions francophones « Broue Pub » et, plus rarement, « Bistrot Brasserie ».

Craft beer

Anglicisme pour « bière artisanale », brassée avec soin et savoir-faire, terme utilisé en opposition à la notion de bière industrielle et évoquant le mouvement de renouveau de la bière, fabriquée par de plus petites structures misant sur des goûts plus marqués, et une créativité accrue.

Drêche

Ce qui reste des céréales ayant servi à préparer le moût.

Houblon

Fleur de la famille des Cannabaceae incorporée sous forme de pellet, de cônes ou de fleurs, dans le mélange d'eau et de malt afin d'amériser ou d'aromatiser la bière.

Houblonnage à cru

En anglais, « *dry hopping* » : technique consistant à infuser le houblon également en fermenteur, ce qui permet d'extraire des arômes plus frais ou plus fruités.

I.B.U. (International Bitterness Unit)
Indicateur d'amertume de la bière, régulièrement indiqué sur les étiquettes de bières.

India Pale Ale
Style de bière anglaise du XVIIIe siècle ayant pour caractéristique un fort houblonnage permettant la conservation lors des voyages dans les colonies des Indes.

Lager
Terme générique désignant les bières de fermentation basse.

Malt
Céréale (blé, orge, avoine, seigle…) cuite, qui lorsqu'elle est concassée et infusée dans l'eau chaude est la base de la fabrication de la bière. Le niveau de cuisson et la quantité de malt ont un impact sur la couleur et le niveau d'alcool.

Pils
Style de bière en fermentation basse d'origine tchèque, de Pilsen précisément.

Saison
Style belge de bière brassée par des travailleurs saisonniers en hiver, dégustée en été.

Sour Kettle
Technique d'acidification « sour » du moût, en cuve d'ébullition « kettle », en général avec des bactéries lactiques, pour obtenir une bière acidulée (bière sure ou Sour Beer).

Stout
Bière noire, brassée avec des malts torréfiés, lui conférant sa couleur et ses saveurs particulières. La légende veut que ce style ait été créé en Grande-Bretagne en utilisant des malts d'un entrepôt qui avait brûlé.

Summer Ale
Bière dorée, de style américain, légère et fruitée.

Taproom
Littéralement « salle des robinets » (à bière), anglicisme décrivant le bar ou la salle de dégustation propre ou accolée à une brasserie.

Tégestophile
Collectionneur de sous-bock et par extension de tous les objets se rapportant à la bière (étiquettes notamment). On parle aussi de cervalobélophile.

Vin
Dans la bière, le vin est une bière vieillie en fûts de bois (exemple : Barley Wine).

Weizenbier
Style de bière bavaroise au blé et en fermentation haute.

Witbier
Bière de blé douce, la blanche belge typique, avec des notes légèrement fruitées et souvent un peu d'acidité.

Zythologie
Mot composé des mots grecs *zythos* (bière) et *logos* (étude, discours). Discipline qui se consacre à l'étude de la bière, du brassage et des brasseries, tant au point de vue historique, que technique ou gustatif. On parle également de biérologie, néologisme inventé par le comédien belge Ronny Coutteure.

Lac de l'Abbaye

LA MARCHE À PIED COMME ACTIVITÉ

C'est au XIXe siècle[1] qu'apparaissent les premiers clubs de marche. Au départ, cette activité, liée étroitement aux ascensionnistes, se trouve être l'apanage d'une certaine élite sociale, notamment dans un aspect d'aventure et de découvertes liées à l'alpinisme.

La marche comme activité se développe et se popularise ; c'est ainsi qu'apparaît une séparation entre les ascensionnistes et les excursionnistes aux pratiques plus contemplatives de la marche et de la montagne en général.

Les excursionnistes et les ascensionnistes actent leur division, et l'on assiste à l'avènement de groupes, clubs et associations dédiés à la balade en montagne : la société des touristes du Dauphiné, le club des excursionnistes marseillais, le club vosgien, sont autant de groupes structurés qui organisent, balisent et fondent véritablement les prémices des fédérations et groupes de randonnées que nous connaissons aujourd'hui.

Le Touring Club de France, créé en 1890, ainsi que le Camping Club de France participent grandement à la popularisation de la randonnée, qui a pour objectif « de casser l'égoïsme urbain et de permettre une lecture collective de la nature[2] ».

Mais c'est avant tout sous l'impulsion de Jean Loiseau[3] que la randonnée se structure en réseaux de marcheurs, de sentiers, de refuges et d'itinéraires cartographiés.

La marche revêt donc, dans ses fondements, des notions de découverte, de collaboration collective et d'aventure.

Rami Dahdah

---

1. A. DE BAEQUE, *Marcher, une histoire des chemins 6/8*, FranceCulture.fr, 0 h 59, août 2014.
2. *Ibid.*
3. *Ibid.*

Les pictogrammes

- Départ
- Durée moyenne
- Distance
- Dénivelé positif
- Point haut
- Difficulté
- Carte IGN

UN LIEN ENTRE LA RANDONNÉE ET LA BIÈRE

À quel moment nous est-il apparu cohérent de lier deux activités millénaires que sont la marche et la bière ? Et bien pour être franc avec vous, il n'y a aucun ancrage culturel ou historique à ce propos. C'est avant tout par la pratique de la randonnée et le fantasme d'une bière au bout de quelques heures, qui conclut un effort, récompense une ascension et étanche la soif, que cet ouvrage s'est construit.

Qu'elle soit en demi ou en pinte, même sans gluten ou avec de la limonade ou du sirop, la bière est devenue un élément incontournable de plaisir après l'effort physique.

INFOS SUPPLÉMENTAIRES ET IMPÉRATIVES

L'abus d'alcool est dangereux pour la santé, consommez avec modération. Loi n° 2011-525 du 17 mai 2011 - art. 175 (V).

Il est très important de prendre rendez-vous avant de visiter une brasserie. Cela permet aux personnes travaillant dans la brasserie de prendre le temps de vous accueillir correctement. Merci de vous référer aux indications « infos contacts » pour les joindre.

Doubs

Vallée de la Loue

01 BRASSERIE DU GRAND MÉCHANT MOÛT

L'informatique mène à tout, c'est bien connu. Ainsi, après des études dans ce domaine et une carrière dans l'industrie, le confinement, la passion de la bière et les premiers brassins prometteurs ont fini par convaincre Laurent de changer de voie. Une formation aux techniques brassicoles en poche, il acquiert une ancienne exploitation agricole qui est transformée en brasserie, adossée à un bar et inaugurée en 2022. L'équipement y combine harmonieusement matériel vintage et inox pimpant afin d'assurer, par un questionnement constant sur les produits et l'écriture de recettes, une maîtrise de la matière première. À partir de malts bio, de houblons et de levures d'origine européenne, la brasserie propose principalement quatre bières, de la blonde à la noire, conditionnées en bouteilles et en fûts. Rapidement, elle s'est imposée comme un lieu de convivialité et de partage intergénérationnel visant à (re)créer du lien entre les habitants par des jeux à l'étage, des soirées à thème, un petit-déjeuner dominical, un atelier de peinture…

CONTACT

Brasserie du Grand Méchant Moût
1 rue Sous-les-Murs
25190 Valonne
06 77 95 98 73
lcanzian@hotmail.com

INFOS PRATIQUES

Ouvert vendredi et samedi 16h-19h
Dimanche 10h-12h et 16h-19h
Visite sur rendez-vous

UNE BIÈRE APRÈS LA RANDO ?

La Blonde, India Pale Ale

ALC — LÉGÈRE — BLONDE — FLORALE

Avec un taux d'alcool modéré et une robe blonde aux couleurs de miel, cette IPA à l'amertume légère et au houblonnage puissant, révèle de belles notes florales et fruitées. Elle conviendra à merveille pour rafraîchir les randonneurs à la fin de leur périple.

QUE FAUT-IL ABSOLUMENT RAMENER DE LA BRASSERIE ?

… **Aux inconditionnels de Johnny :** *La Noire* – 6,6 % APV. Cette bière légère et plutôt sèche arbore une robe résolument foncée. Confectionnée à partir de malts torréfiés, elle exhale d'intenses arômes de café. Avis aux amateurs !

… **Aux artistes épris de couleurs automnales :** *L'Ambrée* – 6,9 % APV. Des malts caramel et des houblons légers offrent à cette bière gourmande au taux d'alcool modéré une belle rondeur en bouche. Idéale en accompagnement d'une planche de charcuteries.

LE CIRQUE DE CONSOLATION, PAR LA ROCHE DU PRÊTRE

À l'instar des nombreuses reculées du Jura, le Cirque de Consolation est dominé par un belvédère : la Roche du Prêtre. La présence de plusieurs sources, cascades, passages câblés, échelles ainsi que d'une grotte ayant servi d'habitat durant la Préhistoire, offrent de multiples possibilités d'itinéraires de niveaux variés.

Céphalanthère de Damas

FICHE TECHNIQUE

N 47.14848° / E 6.6074°	
3 h	850 m
6 km	Moyenne
409 m	3523 OT

DESCRIPTION DE LA RANDONNÉE

De Valonne, emprunter la D125 menant à Gigot, puis la D20 jusqu'à Le Luhier et ensuite la D41 en direction de Fuans. Après le lieu-dit Le Bas des Prés, s'engager à droite sur une route étroite pour rejoindre le parking situé à son extrémité.

D/A : Du parking, gagner le belvédère de la Roche du Prêtre et entamer la descente en direction de La Scie Dessus.

1. Au bout de la piste caillouteuse, s'engager à droite sur le sentier difficile menant à la grotte située en contrebas, après le franchissement d'échelles et d'un passage câblé.

2. De la grotte, traverser la passerelle et poursuivre vers le nord-est en empruntant un nouveau passage câblé, puis entamer la descente vers la gauche en empruntant de nouveau des échelles.

3. Après la source, poursuivre vers la droite puis successivement et à deux reprises, prendre à gauche et franchir une passerelle, en s'orientant ainsi vers la cascade du Lançot.

4. Quitter rapidement ce sentier en prenant à droite à deux reprises pour gagner le belvédère du Cirque qui domine l'ancien séminaire Notre-Dame-de-Consolation.

5. Rebrousser chemin, traverser le sentier et remonter plein sud dans le pré, puis dans

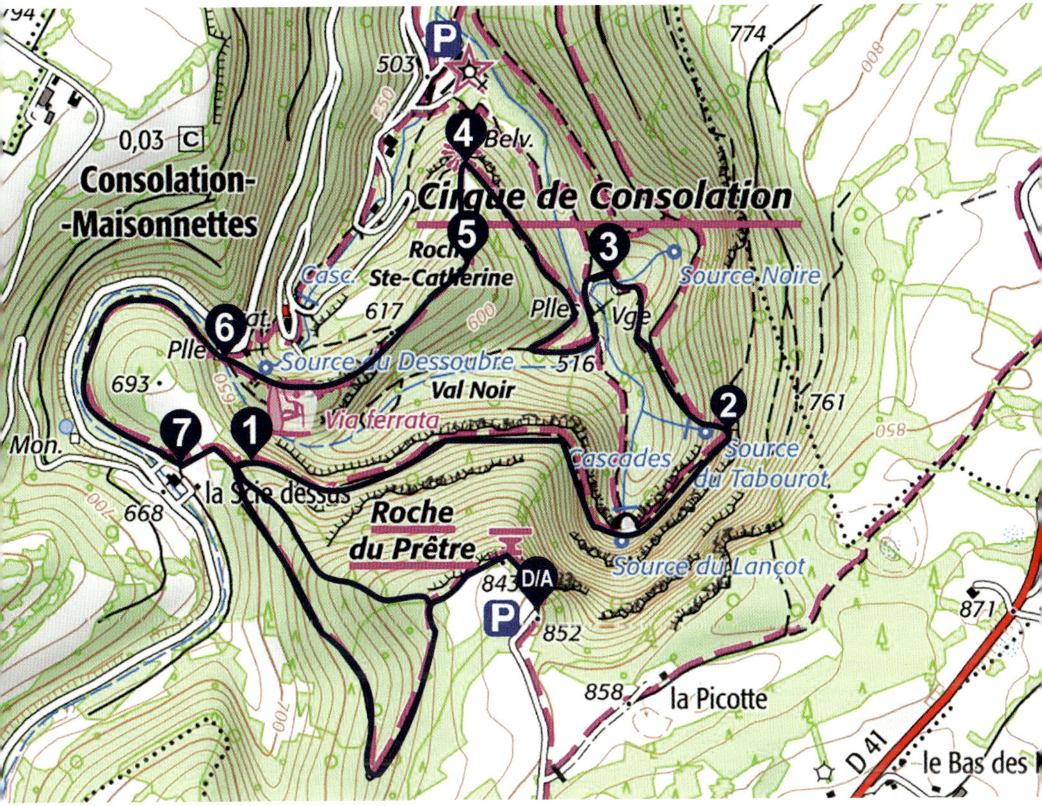

le bois sur un sentier pentu équipé de plusieurs cordes et exposé par endroits. Au point de vue, descendre à gauche puis à droite jusqu'à la départementale.

6. Prendre à gauche, franchir la passerelle et remonter vers La Scie Dessus par un sentier équipé de câbles par endroits et qui amorce progressivement une boucle vers le sud.

7. Prendre à gauche à hauteur de La Scie Dessus, franchir la barrière, laisser sur la gauche le sentier difficile et remonter brièvement la piste caillouteuse avant d'emprunter vers la gauche un sentier pentu. Le suivre ensuite vers la droite et, lorsqu'il rejoint la piste, tourner à gauche pour regagner le parking.

POINTS DE PASSAGE

D/A : km 0 – alt. 852 m – Parking de la Roche du Prêtre
1 : km 1,4 – alt. 690 m – Sentier difficile
2 : km 2,5 – alt. 635 m – Passage câblé et échelles
3 : km 3,0 – alt. 515 m – Passerelles
4 : km 3,7 – alt. 569 m – Belvédère
5 : km 3,9 – alt. 620 m – Pré et bois vers la départementale
6 : km 4,5 – alt. 636 m – Passerelle
7 : km 5,3 – alt. 680 m – La Scie Dessus

Ancien monastère depuis le belvédère

02 BRASSERIES DU QUINT & BALMA

BAUME-LES-DAMES

Les brasseries du Quint et Balma, c'est l'histoire d'une rencontre, comme le suggère joliment ce nom qui fait référence à la présence d'éléments naturels autour de Baume-les-Dames. Le Rocher de Quint d'une part, qui constitue un des nombreux sites naturels d'escalade jalonnant les rives du Doubs. Et les multiples abris-sous-roche d'autre part, très présents dans ce massif calcaire qu'est le Jura. Les deux artisans à la manœuvre conjuguent art du métier et réalisations techniques. La rencontre fortuite d'Aurélien, fort d'une expérience professionnelle dans le vivant et de 15 années de brassage, initialement dans les Vosges, et de Damien, brasseur à ses heures et technicien hors pair, ne pouvait conduire qu'à la concrétisation de ce projet brassicole. Leur credo ? Une production à base de matières premières « *made in France* » issues de l'agriculture biologique et un souci de proposer des breuvages adaptés aux besoins. Point de fioriture donc mais des produits savamment élaborés, fruit de multiples concertations.

CONTACT

Brasseries du Quint et Balma
13 ter rue des Vignottes
25110 Baume-les-Dames
06 33 20 32 00
brasserieduquint@gmail.com

UNE BIÈRE APRÈS LA RANDO ?

Balma, Lager

5,0 %

ALC MODÉRÉE BLONDE MALTÉE

De fermentation basse, la *Balma* est la bière par excellence à consommer après l'effort. Dorée, légèrement trouble, acidulée, modérément amère, juste ce qu'il faut comme degré d'alcool, elle s'avère rafraîchissante à souhait. Et comme elle est proposée en 50 cl, elle a tout pour vous désaltérer.

QUE FAUT-IL ABSOLUMENT RAMENER DE LA BRASSERIE ?

… **Aux infatigables coureurs de steppe :** *La Prairie* – 5 % APV. Aussi rafraîchissante que la *Balma*, cette bière de style Saison à la belle robe rousse et aux arômes de fruits rouges vous permettra d'étancher votre soif. Fine et légère, à la mousse généreuse, longue en bouche, elle réjouira les adeptes de saveurs parfumées.

LA ROCHE DE CHÂTARD ET LE MONT DOMMAGE

Lovée dans les méandres du Doubs, Baume-les-Dames est entourée de plusieurs sommets d'altitude modeste qui offrent autant de panoramas sur la ville. Ainsi en est-il, par exemple, de la Roche de Châtard et du mont Dommage qui s'élèvent au sud par-delà la rive droite de la rivière. Leur disposition permet de combiner les deux sommets ou de n'en faire qu'un seul selon les envies.

FICHE TECHNIQUE

N 47.33176° / E 6.35434°

4 h — 569 m

9 km — Moyenne

395 m — 3423 ET

Baume-les-Dames depuis le mont Dommage

DESCRIPTION DE LA RANDONNÉE

De Baume-les-Dames, emprunter la D60 qui se dirige vers Valdahon. Immédiatement après le pont franchissant le Doubs, prendre la deuxième route qui remonte vers la droite. Après 2 km environ, s'engager dans la piste à gauche pour y stationner.

D/A: Du parking, remonter la piste qui s'oriente vers l'est et prendre rapidement vers la gauche le sentier qui monte en direction de la Croix de Châtard (balisage jaune-bleu).

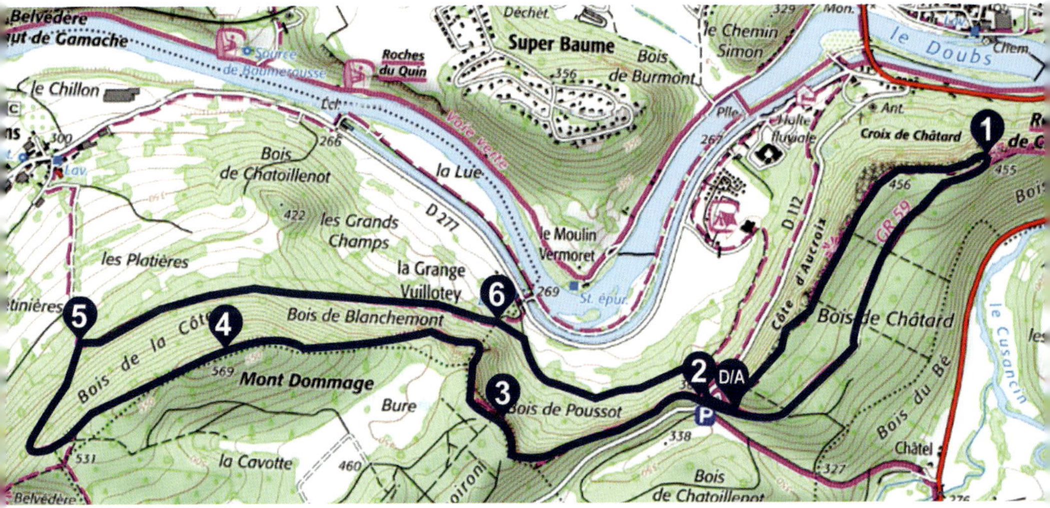

1. Le sentier suit globalement la crête dominant Baume-les-Dames et permet de gagner le belvédère au sommet.

2. De la Croix de Châtard, redescendre vers le parking en empruntant la large piste qui s'oriente vers le sud-ouest (balisage blanc/rouge).

3. De retour au parking, traverser la départementale et emprunter en face le sentier qui permet, par une pente plus accusée et un sentier plus exposé par endroits, de gagner le belvédère de Grange Vuillotey (balisage jaune-bleu).

4. Poursuivre en direction du mont Dommage qui offre quant à lui un panorama limité.

5. Entamer la descente en forêt en rejoignant une piste puis effectuer une large boucle vers l'est en prenant une première fois à droite vers Les Létinières et une seconde fois vers Grange Vuillotey.

6. Avant d'arriver aux premières maisons de Grange Vuillotey, remonter la piste vers la droite dans le bois de Poussot, puis prendre de nouveau à droite après 1 km environ pour rejoindre la départementale à une centaine de mètres en contrebas du parking, que l'on rejoint en remontant la route vers la droite.

Aspérule odorante

02 *Randonnée – Doubs*

POINTS DE PASSAGE

D/A : km 0 – alt. 360 m – Parking

1 : km 1,5 – alt. 450 m – Belvédère de la Croix de Châtard

2 : km 3,0 – alt. 360 m – Parking

3 : km 3,9 – alt. 445 m – Belvédère de la Grange Vuillotey
4 : km 5,2 – alt. 569 m – Mont Dommage
5 : km 6,1 – alt. 460 m – Bifurcations vers Grange Vuillotey
6 : km 7,8 – alt. 305 m – Bifurcation depuis Grange Vuillotey

Roche de Châtard et mont Dommage dominant Baume-les-Dames

03

Après une formation en agro-alimentaire et un premier projet brassicole à Bourg-en-Bresse, Dimitri et Lucie décident de revenir au pays et s'installent à Nancray. La belle demeure villageoise qu'ils restaurent avec soin deviendra ainsi en 2010 la Brasserie du Doubs. C'est là que sont brassées, en fermentation naturelle à base d'orge franc-comtois, blonde, ambrée, brune et IPA conditionnées en 33 cl, 75 cl et fûts de 30 litres. À cette gamme s'ajoutent des productions éphémères, adaptées aux fluctuations des matières premières employées, et aux noms évocateurs telles la Doubs. Teuse à base de chanvre, la Doubs.Doune, une bière de Noël ou encore la Doubs.Biste à base de miel. La brasserie, pilotée intégralement par Lucie depuis la disparition de Dimitri en 2019, se veut un lieu convivial à l'ancrage local fort. Elle organise ainsi de temps à autre des soirées éclectiques durant lesquelles se produisent des groupes de musique originaires des communes voisines. De quoi joindre l'agréable à l'agréable…

CONTACT

Bière du Doubs
26 Grande Rue
25360 Nancray
06 07 26 18 04
bieredudoubs@orange.fr

INFOS PRATIQUES

Ouvert de mercredi à samedi 16h-19h
Visite en petits groupes sur rendez-vous

UNE BIÈRE APRÈS LA RANDO ?

Doubs.Ambrée, Amber Ale

Refermentée en bouteille, cette bière ambrée marie de manière parfaitement équilibrée les saveurs de biscuit, de céréales et de caramel. Légère et faiblement alcoolisée, accompagnée d'un morceau de Comté, elle ravira celles et ceux qui souhaitent étancher leur soif, les fervents de sport comme les autres.

QUE FAUT-IL ABSOLUMENT RAMENER DE LA BRASSERIE ?

… **Aux adeptes des langues vivantes :** *Doubs.Youlike* – 5,9 % APV. Bière de style India Pale Ale, à l'amertume légère, brassée à partir de houblons citronnés, elle offre de belles notes florales et fruitées. Fine et légère, à la mousse généreuse, proposée en divers conditionnements, elle a de quoi combler les amateurs de bières aux saveurs d'agrumes.

… **À ceux qui n'ont plus les yeux en face des trous :** *Doubs.Tuviens ?* – 8 % APV. D'une belle robe jaune foncé, cette bière triple au goût prononcé en céréales présente une belle rondeur qui en fait une bière de dégustation par excellence. À consommer néanmoins avec modération au risque de ne plus trop s'y retrouver…

LE CHÂTEAU DE MONTFAUCON, PAR LES FORTS

Inscrit au titre des monuments historiques, le château de Montfaucon fut construit au XIe siècle et définitivement abandonné six siècles plus tard. Le fort de Montfaucon – ou fort Voirol – fut quant à lui érigé à la fin du XIXe siècle avant d'être désaffecté durant l'entre-deux-guerres. Comme ce dernier, la Batterie des Épesses (et celle des Rattes) faisait partie du camp retranché de Besançon. Ces divers sites sont reliés entre eux par de multiples sentiers, essentiellement forestiers.

FICHE TECHNIQUE

N 47.25126° / E 6.09154°	
4 h	609 m
8,5 km	Facile
248 m	3323 ET

DESCRIPTION DE LA RANDONNÉE

De Nancray, emprunter la D464 menant à Montfaucon. Au rond-point situé à l'entrée de la commune, prendre la première route vers la droite. À hauteur de l'église, emprunter de nouveau à droite la rue du Belvédère, puis encore à droite le chemin du Mont. Au carrefour suivant, tourner à gauche sur le sentier Le Fort – Le Château pour gagner un petit parking situé sur la droite.

D/A : Du parking, emprunter la piste qui se dirige vers le nord-est et la quitter rapidement pour suivre vers la droite un étroit sentier (balisage bleu).

1. Il se faufile entre les arbres puis longe une prairie. Prendre ensuite à droite un sentier qui rejoint de nouveau une prairie (balisage jaune/bleu) puis une large piste que l'on traverse.

Falaise d'escalade depuis le château de Montfaucon

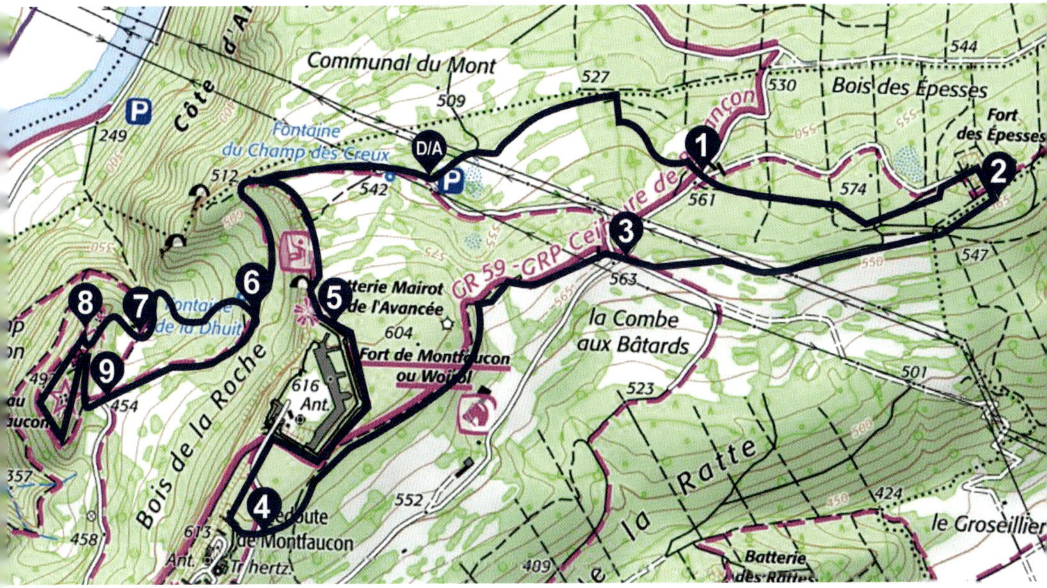

2. Poursuivre dans le bois et tourner ensuite à gauche vers le nord-est pour gagner le Fort des Épesses.

3. Du fort, continuer vers la droite en amorçant une boucle vers le sud-ouest. Le sentier traverse une piste, se prolonge dans les bois avant de traverser une vaste prairie et rejoindre le carrefour du chemin du Mont et du sentier Le Fort – Le Château.

4. Emprunter la piste qui s'oriente vers l'ouest et franchir la barrière. La piste devient sentier, longe une prairie et passe près d'une ancienne casemate. Poursuivre en ligne droite jusqu'à rejoindre la route reliant la Redoute au fort de Montfaucon.

Orchis bouc

5. Traverser celle-ci et emprunter en face le sentier qui amorce une boucle vers le nord-est pour atteindre l'entrée du fort. Il le contourne ensuite par le sud en longeant le large fossé d'enceinte. Le sentier rejoint alors le belvédère qui offre une vue plongeante sur le château de Montfaucon situé en contrebas.

6. Poursuivre vers le nord en descendant une prairie pour rejoindre une piste que l'on emprunte vers la gauche. 500 m plus loin environ, prendre à droite en épingle un sentier qui descend vers la fontaine de la Dhuit.

7. Poursuivre au-delà de celle-ci sur un étroit sentier qui descend en forêt. Tourner deux fois à gauche pour atteindre un carrefour de piste. Entamer la montée vers la gauche et, à la sortie du bois, emprunter sur la droite le sentier qui remonte en direction des ruines du château. Franchir les quelques marches aménagées et prendre à gauche.

8. Rejoindre la partie centrale du site que l'on contourne en empruntant le sentier vers la droite. Remonter ensuite vers le nord pour atteindre le pied du donjon par un bref aller-retour, puis poursuivre sous les remparts et ensuite entre les ruines. Bifurquer vers le sud pour quitter le site en passant sous la porte principale.

9. Rejoindre la piste venant de Montfaucon et emprunter la deuxième à gauche qui remonte vers la falaise. Suivre celle-ci sur 2 km environ pour rejoindre le parking.

POINTS DE PASSAGE

D/A : km 0 – alt. 542 m – Parking
1 : km 0,5 – alt. 532 m – Balisage bleu
2 : km 1,7 – alt. 572 m – Fort des Épesses
3 : km 2,8 – alt. 563 m – Carrefour
4 : km 4,2 – alt. 598 m – Redoute-Montfaucon
5 : km 5,2 – alt. 574 m – Belvédère
6 : km 6,1 – alt. 466 m – Fontaine de la Dhuit
7 : km 6,7 – alt. 447 m – Escalier
8 : km 6,9 – alt. 464 m – Contournement nord
9 : km 7,7 – alt. 457 m – Carrefour

Château de Montfaucon depuis le belvédère

04 TERRA COMTIX

« Un jour, je serai brasseur ». C'était le rêve de Richard quand, après une formation en agro-alimentaire, il se lance d'abord dans la gestion d'entreprise. Fort de cette expérience et fan de bandes dessinées, il crée en 2009 la brasserie Terra Comtix (pour Terre Comtoise) et la gamme de bières Trobonix, clin d'œil appuyé à deux illustres Gaulois. Initialement implantée à Malans, la brasserie s'installe en 2015 à Mamirolle dans des locaux plus vastes et plus modernes. À la suite du décès de Richard et pour assurer la pérennité de l'activité, c'est son épouse Myriam qui reprend le flambeau, avant de le transmettre à Damien, Marc et Xavier. La brasserie produit une bière artisanale non filtrée et non pasteurisée, à partir d'orge franc-comtois en soutien à la filière agricole régionale et conditionnée en 33 cl, 75 cl et Magnum d'1,5 L. Aux Trobonix blanche, blonde, ambrée et brune, s'ajoutent diverses productions saisonnières, comme la bière d'hiver Çameulicix à 7,5 %, et d'autres spécialités comme la Red IPA Amerix à 7 %.

CONTACT

Terra Comtix
ZI du Noret
25620 Mamirolle
03 81 53 42 89
https://www.terracomtix.com
contact@terracomtix.com

INFOS PRATIQUES

Ouvert lundi - mardi 8h-18h
Bar vendredi 16h30-19h30
Visite sur rendez-vous

UNE BIÈRE APRÈS LA RANDO ?

Frivolix, Ale

À n'en pas douter, la *Frivolix* est une bière légère. Blonde, peu alcoolisée et faiblement amère, elle est brassée exclusivement à partir de malt Pils et d'une association de trois houblons très aromatiques. Elle se révèle désaltérante en toutes occasions, que l'on soit fan de rando ou pas.

QUE FAUT-IL ABSOLUMENT RAMENER DE LA BRASSERIE ?

… **À ceux qui veulent en finir prématurément :** *L'Euthanasix* – 9 % APV. Triple, cette bière remaltée en cours de brassage, est sans conteste une bière de dégustation, forte, ronde, au goût puissant et aux arômes généreux.

… **Aux nostalgiques de la monarchie :** *La Royalix* – 8,5 % APV. Bière triple « haut de gamme » à la typicité particulière, issue de céréales et de houblons soigneusement sélectionnés, et élevée sur lie. Elle est ensuite maturée pendant 15 mois en barrique ayant contenu, selon ses variantes, du Bourbon, du Whisky, du Rhum, du Xérès ou du Macvin.

LE CHÂTEAU DE SCEY, PAR LE RAVIN DE VALBOIS

Construit au XIe siècle et définitivement ruiné au XVIIe siècle, le château de Scey domine le ravin de Valbois. Il est classé au titre des monuments historiques et fait actuellement l'objet de travaux de consolidation par l'association d'insertion API25 impliquée dans la restauration du patrimoine. Le ravin qui s'étend en contrebas abrite une vaste réserve naturelle dont les principaux milieux naturels peuvent être en partie parcourus par le biais d'un sentier de découverte.

FICHE TECHNIQUE

N 47.09232° / E 6.07021°

3 h	507 m
6 km	Facile
204 m	3324 ET

Tour Saint-Denis du château de Scey

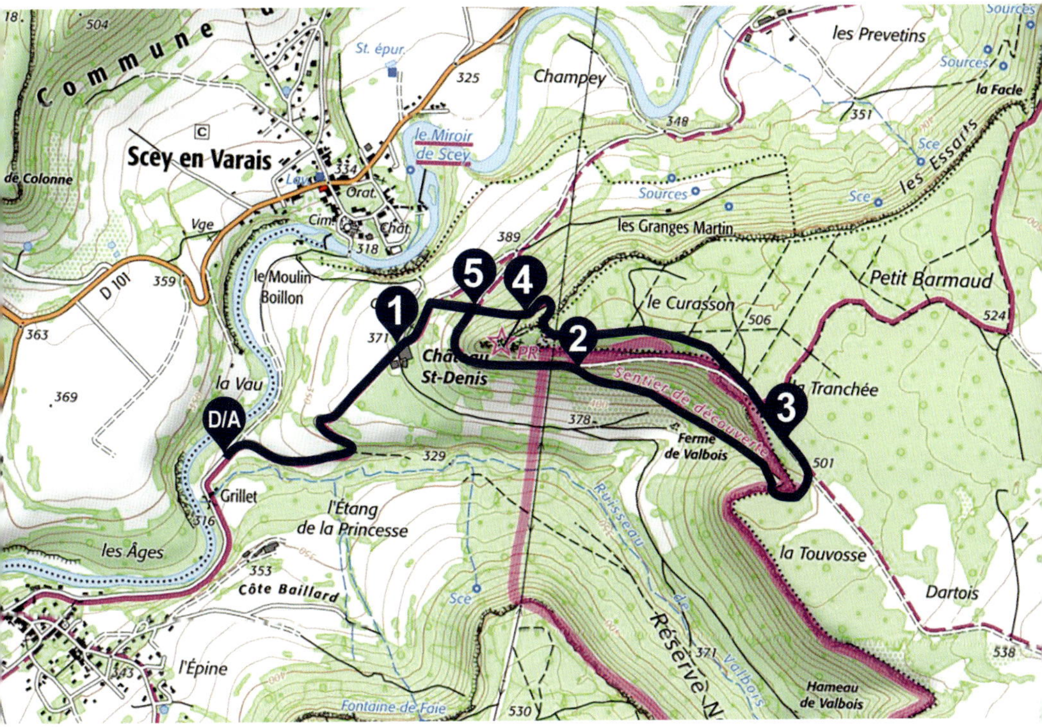

DESCRIPTION DE LA RANDONNÉE

De Mamirolle, emprunter la D112 menant à Foucherans, puis la D101 menant à Scey-Maisières. Continuer vers le sud jusqu'à Cléron et, après avoir franchi le pont de la Loue, emprunter à gauche la rue du Pater jusqu'au parking situé à droite, 200 m environ après le moulin Grillet.

D/A : Du parking, remonter la route en direction de la ferme du Pater.

1. À la bifurcation entre la ferme et le château, poursuivre sur la piste vers la droite et emprunter rapidement de nouveau à droite un sentier pentu. Rejoindre la piste et la suivre vers la droite. Elle amorce une boucle et s'oriente progressivement vers l'est.

2. Après 200 m environ, emprunter à droite le sentier de découverte qui s'engage dans le ravin de Valbois. Traverser une pelouse puis pénétrer en forêt.

3. Le sentier remonte alors plus sèchement, amorce une courte boucle vers le nord et rejoint la piste. Prendre à gauche pour rejoindre une corniche dominant le ravin de Valbois.

4. Quitter la piste vers la droite après 300 m environ pour gagner les ruines du château de Scey.

5. Poursuivre sur le sentier et entamer la descente vers la ferme du Pater.

Traverser la piste et poursuivre en direction de la ferme, d'où l'on rejoint le point de départ en empruntant la route vers la gauche.

POINTS DE PASSAGE

D/A : km 0 – alt. 322 m – Parking
1 : km 1,0 – alt. 375 m – Ferme du Pater
2 : km 1,8 – alt. 440 m – Sentier de découverte
3 : km 3,2 – alt. 505 m – Corniche
4 : km 4,2 – alt. 485 m – Château de Scey
5 : km 4,5 – alt. 425 m – Descente

Ravin de Valbois

05 L'API BRASSERIE

« L'happy brasserie » pourrait-on dire pour cette entreprise créée en 2021 par Guillaume et Titouan, respectivement entraîneur et arbitre de handball. À l'origine, il y a, outre une solide amitié, un même attrait pour la dégustation et le partage. Les arrêts de travail imposés par le confinement les amènent à élaborer une première bière à l'aide d'un kit. Mais le résultat ne fut nullement à la hauteur de leurs attentes. Comme pour tout sportif qui se respecte, une défaite n'implique pas forcément une élimination. Autodidactes, ils décident donc de jouer les prolongations en misant cette fois sur un matériel plus adapté et les conseils glanés à droite et à gauche. Le premier brassin d'une bière blanche confectionnée à base de miel toutes fleurs s'avère cette fois un succès. La gamme s'étoffe alors peu à peu et comprend actuellement, en outre, une blonde, une ambrée et une IPA. Leur souhait est de produire préférentiellement à partir d'ingrédients régionaux, qu'il s'agisse du miel, du malt ou du houblon.

CONTACT

L'Api Brasserie
5 rue Guillaume-Pauthier
25620 Mamirolle
06 87 17 72 90
apibrasserie@gmail.com

INFOS PRATIQUES

Visite sur rendez-vous

UNE BIÈRE APRÈS LA RANDO ?

LAGUIT' Blonde, Ale

Bière ronde sans trop d'amertume, à la mousse généreuse, elle exhale des notes acidulées et une saveur de bonbon au miel, ingrédient qui entre dans sa composition comme dans toutes les bières de la gamme.

QUE FAUT-IL ABSOLUMENT RAMENER DE LA BRASSERIE ?

... **À ceux que l'humour grivois n'effraie pas :** *LAGUIT' Blanche* – 5,5 % APV. Bière limpide, peu amère, modérément alcoolisée, aux notes d'agrumes et d'épices grâce à l'ajout de citron et de coriandre.

... **Aux siroteurs de Conditium Paradoxum :** *LAGUIT' Ambrée* – 6,5 % APV. Sa particularité ? Des saveurs originales grâce à l'utilisation d'épices pour vin chaud, en particulier la cannelle.

LA VALLÉE DE LA BRÊME, PAR PLAISIR FONTAINE

Le hameau de Bonnevaux du Bas s'est construit en rive droite de la Brême autour d'un prieuré dont il ne subsiste qu'une chapelle dotée d'un clocher classé datant du XIIe siècle.

Les falaises bordant la vallée offrent un panorama étendu sur celle-ci depuis les belvédères du Rocher du Tourbillon et du saut du Chevalier. Au pied de l'une de ces falaises se trouve une grotte d'où jaillit le ruisseau de Plaisir Fontaine, un affluent de la Brême.

FICHE TECHNIQUE

N 47.13752° / E 6.15811°	
5 h	540 m
12 km	Moyenne
388 m	3424 OT

DESCRIPTION DE LA RANDONNÉE

De Mamirolle, emprunter la D112 puis la D67 en direction d'Ornans et tourner à gauche à l'épingle pour suivre la D280 en direction de Charbonnières-les-Sapins. Avant d'atteindre Bonnevaux du Bas, tourner à gauche en direction de Plaisir Fontaine. Stationner sur le parking situé au bout de la route à proximité de la pisciculture.

D/A : Du parking, poursuivre sur la piste qui s'oriente vers le nord-est.

1. Après 100 m, entamer la montée à gauche en direction de la grotte de Plaisir Fontaine que l'on atteint, de nouveau après 100 m, par un bref aller-retour vers la droite (balisage blanc/rouge).

2. Poursuivre la montée sur un sentier équipé par endroits de câbles. Prendre à droite à la prochaine bifurcation, puis de nouveau à droite à l'approche de la Voie Verte. Le sen-

Petite pimprenelle

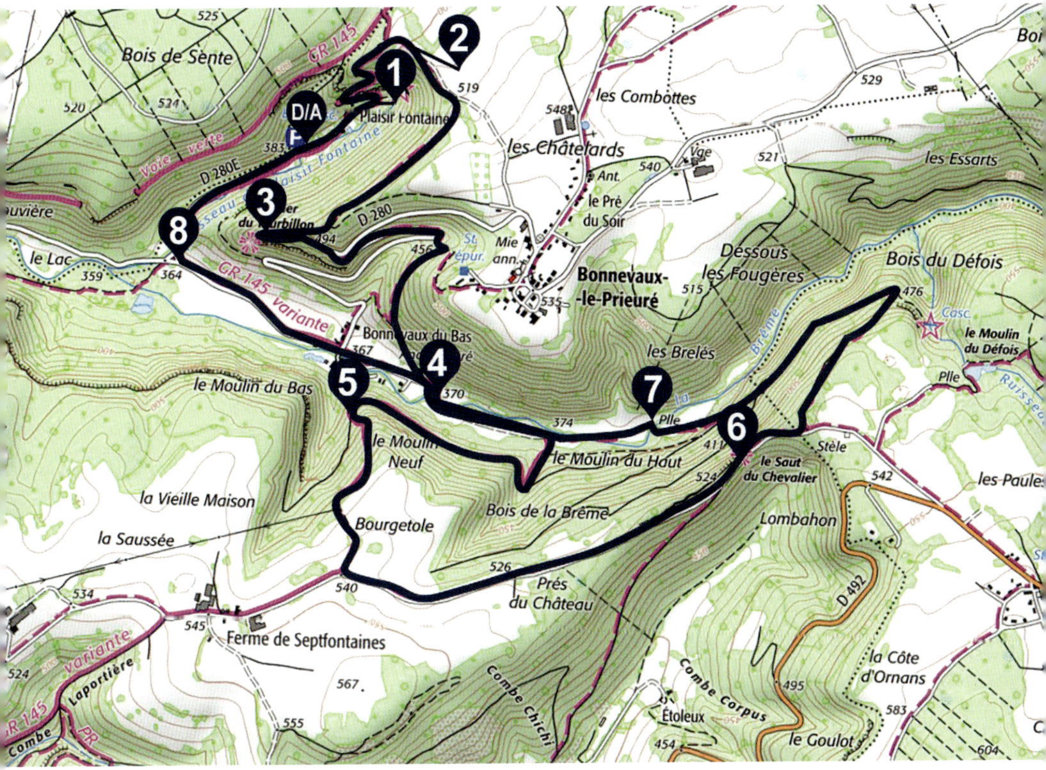

tier entre en prairie (balisage jaune/bleu) et amorce une boucle vers le sud-est. Prendre ensuite à droite et pénétrer dans le bois.

3. Poursuivre en ligne droite pour gagner, après une pente légèrement descendante, le belvédère du Rocher du Tourbillon.

4. Rebrousser chemin et, après 200 m environ, s'engager dans un sentier qui descend vers la droite et rejoint la départementale au niveau d'une épingle. Poursuivre la descente sur la route et, à l'épingle suivante, enjamber la barrière de sécurité vers la gauche et emprunter le sentier qui pénètre dans le bois (balisage jaune/bleu). Prendre ensuite à droite puis à gauche pour gagner l'ancien prieuré de Bonnevaux du Bas.

5. Franchir le pont enjambant la Brême et poursuivre sur la piste vers le sud-est. Après 500 m environ, prendre à droite le sentier qui monte dans le bois en direction de la ferme de Septfontaines (balisage blanc/rouge). Prendre à droite à l'épingle, puis à gauche à la bifurcation suivante et emprunter l'escalier en bois sur la gauche. Entamer la rude montée puis prendre à gauche pour sortir du bois, franchir la clôture par un portique, traverser la prairie et rejoindre la route.

6. Tourner à gauche et continuer sur la route pendant 1,5 km environ pour gagner le belvédère du saut du Chevalier.

7. Poursuivre ensuite sur la route pendant 200 m et prendre à gauche le sentier qui descend sur 1,5 km en direction de Bonnevaux du Bas (balisage jaune/bleu). Avant le pont qui enjambe la Brême, s'engager dans un étroit sentier sur la gauche. Il serpente entre les arbres avant d'emprunter une digue et rejoindre vers la droite la piste suivie précédemment.

8. Suivre cette piste vers l'ouest, traverser le pont, longer l'ancien prieuré, passer le

carrefour, continuer sur la route jusqu'au carrefour suivant et prendre à droite en direction de Plaisir Fontaine pour regagner le parking.

POINTS DE PASSAGE

D/A : km 0 – alt. 380 m – Parking

1 : km 0,4 – alt. 414 m – Grotte de Plaisir Fontaine
2 : km 0,9 – alt. 490 m – Prairies
3 : km 2,1 – alt. 458 m – Rocher du Tourbillon
4 : km 3,5 – alt. 370 m – Ancien prieuré
5 : km 5,0 – alt. 433 m – Escalier
6 : km 7,2 – alt. 520 m – Saut du Chevalier
7 : km 9,2 – alt. 368 m – Pont sur la Brême
8 : km 11,2 – alt. 365 m – Carrefour de Plaisir Fontaine

Vallée de la Brême depuis le Rocher du Tourbillon

06 LA QUIOTTE

À Étalans, l'activité brassicole est une affaire de famille. À l'origine, il y a Didier, le père, amateur de bière et autodidacte qui met en place une microbrasserie en 2016. Présent sur les marchés locaux avec l'aide de son épouse, il crée La Quiotte trois ans plus tard. Il la baptise selon un lieu-dit tout proche et nomme ses bières en s'inspirant de son propre nom. Il est rejoint en 2020 par son fils Robin, formé aux techniques brassicoles. Les bières permanentes ou de saison, de fermentation haute, non filtrées, non pasteurisées et refermentées en bouteille, présentent un taux d'alcool compris entre 5 et 9 %. Elles sont fabriquées à partir d'eau dynamisée, de malts français variés (orge, blé et avoine) et de houblons principalement alsaciens. Elles sont conditionnées en 33 cl, 75 cl et fûts de diverses contenances. La brasserie a mis en place une procédure de recyclage des bouteilles à l'aide de conteneurs spécifiques. Elles sont lavées, désinfectées et de nouveau remplies. Un beau geste pour l'environnement…

CONTACT

Brasserie de la Quiotte
3 rue des Acots
25580 Étalans
06 72 27 28 33
https://lagroslam.beer
didier63g@free.fr

UNE BIÈRE APRÈS LA RANDO ?

La GrosLam Beer Blonde IPA, India Pale Ale

ALC MODÉRÉE BLONDE FRUITÉE

Il s'agit d'une bière modérément amère et fortement typée par le houblonnage à cru. Elle est composée principalement de malts Pale Ale et Pilsen, de deux malts caramélisés qui lui donnent une couleur jaune foncé et de trois houblons, dont le Citra qui lui confère des arômes intenses de citron, d'agrumes et de fruits exotiques.

QUE FAUT-IL ABSOLUMENT RAMENER DE LA BRASSERIE ?

… **À ceux que les Apiacées n'effraient pas :** *La GrosLam Beer blonde* – 5-5,5 % APV. Cette bière légère, élaborée à partir de malts clairs (malt Pilsen, malts caramélisés clairs et flocons d'avoine), se révèle rafraîchissante et désaltérante à souhait. Trois houblons entrent dans sa composition : un amérisant herbacé et deux aromatiques aux saveurs d'agrumes et de fruits rouges rehaussées par la coriandre.

… **Aux amateurs de la plus anglaise de la brasserie :** *La GrosLam Beer rousse* – 6-6,5 % APV. Elle est composée principalement de malts Pale Ale et Vienne accompagnés de malts caramélisés et de flocons d'avoine qui lui confèrent une couleur d'un roux profond. Les arômes des houblons d'origine anglaise se marient avec ceux des zestes d'oranges douces séchés à la brasserie.

LA ROCHE DE HAUTEPIERRE-LE-CHÂTELET, PAR LA GROTTE DES FAUX-MONNAYEURS

Dominant la Loue de plus de 400 m, les corniches calcaires de la Roche de Hautepierre abritent un ensemble de fleurs qui colonisent les substrats chauds et secs. Certaines espèces sont protégées et, à cette flore, s'ajoutent diverses espèces de papillons et d'oiseaux qui valent à l'ensemble du site le statut d'Espace naturel sensible. Petit affluent de la Loue, le Pontet jaillit au pied de la grotte des Faux-Monnayeurs, ainsi dénommée en raison des nombreuses pièces de monnaie qui y furent retrouvées.

Anthyllide des montagnes

FICHE TECHNIQUE

N 47.03765° / E 6.2786°

5 h	881 m
10,5 km	Moyenne
575 m	3424 OT

DESCRIPTION DE LA RANDONNÉE

D'Étalans, emprunter la N57 jusqu'à Nods, puis la D32 jusqu'à Lods et ensuite la D67 jusqu'à Mouthier-Haute-Pierre. Prendre à droite la rue étroite qui descend vers la Loue. Longer celle-ci pendant 500 m environ sur le chemin Guenbards et stationner à gauche au parking aménagé dans un pré.

D/A : Du parking, emprunter le chemin Guenbards vers la gauche, puis le chemin des Moulins.

1. Rejoindre le site du Tivoli et la cascade de Syratu. Entamer alors la montée sur la piste et la quitter rapidement vers la droite pour rejoindre la route menant à la centrale hydro-électrique.

2. Descendre la route en direction de la centrale et tourner deux fois à gauche en franchissant la Loue puis en empruntant une passerelle métallique. Le sentier, balisé jaune/bleu s'oriente vers l'est et conduit à la source du Pontet par un court aller-retour.

Roche de Hautepierre et sa table d'orientation

3. Poursuivre ensuite la montée pour gagner, de nouveau en aller-retour, la grotte des Faux-Monnayeurs à laquelle on accède par une échelle métallique.

4. Reprendre de nouveau le sentier de montée, puis prendre à droite pour rejoindre la D67 que l'on traverse. Sur le côté opposé, suivre la piste qui grimpe en forêt jusqu'à une bifurcation. Prendre alors à gauche.

5. La piste s'oriente progressivement vers le nord, franchit successivement bois et prairies et conduit, après 2 km environ, à une croix au carrefour de la D269.

6. Tourner deux fois à gauche, puis à droite à l'église Saint-Claude. Prendre ensuite brièvement à gauche sur la D244 et de nouveau à droite pour entamer, après être passé devant le cimetière, la montée vers la Roche de Hautepierre.

7. Du sommet, poursuivre sur le sentier de crête, exposé par endroits et orienté globalement vers l'ouest, puis entamer la descente en forêt par un sentier pentu. Rejoindre la D244, la remonter brièvement vers la gauche et prendre rapidement à droite un étroit sentier qui rejoint un chalet de chasse en contrebas.

8. Emprunter alors la piste vers la droite, traverser la D224 et, à la bifurcation suivante menant à Lods, prendre à gauche la piste qui s'oriente vers le sud en direction de Mouthier-Haute-Pierre. La piste traverse ou longe la départementale à deux reprises avant de la rejoindre de nouveau à hauteur des premières maisons du village.

9. Prendre deux fois à gauche puis une fois à droite en passant devant l'église Saint-Laurent pour rejoindre la route des Gorges de Nouailles. Traverser la route, prendre à gauche puis à droite dans une petite rue qui conduit après une centaine de mètres à un escalier sur la droite. Descendre celui-ci et poursuivre sur

le sentier qui conduit au chemin Guenbards, d'où l'on regagne le parking vers la gauche.

POINTS DE PASSAGE

D/A : km 0 – alt. 382 m – Parking
1 : km 0,5 – alt. 388 m – Tivoli
2 : km 1,8 – alt. 436 m – Pontet
3 : km 1,9 – alt. 458 m – Grotte
4 : km 3,1 – alt. 601 m – Bifurcation
5 : km 5,4 – alt. 796 m – Croix
6 : km 6,2 – alt. 881 m – Roche
7 : km 7,4 – alt. 692 m – Chalet
8 : km 8,1 – alt. 608 m – Bifurcation
9 : km 9,8 – alt. 435 m – Église

Grotte des Faux-Monnayeurs

07 BRASSERIE D'ÉPENOY

Après un master en agro-alimentaire – spécialité procédés fermentaires – et des stages en France, en Belgique et en Italie dans les domaines du vin, de la bière et du fromage, Anaïs choisit de s'orienter vers la production de bières artisanales. En 2014, elle s'installe ainsi dans l'ancien bar de son village natal, qu'elle fait renaître de ses cendres après un an de travaux. Elle en fait un lieu convivial où s'organisent de temps à autre diverses activités (concerts, jeux…). Pourquoi la brasserie ? Parce que les possibilités de création sont, dit-elle, pratiquement infinies. Permanentes ou de saison, toutes les bières sont de fermentation haute, non filtrées, non pasteurisées, et brassées par infusion à partir d'ingrédients locaux ou français. Les malts francs-comtois délicatement torréfiés aux senteurs maltées (biscuit, miel, café, chocolat…) et les houblons majoritairement alsaciens aux arômes variés permettent ainsi d'élaborer des bières aux saveurs douces et parfumées plaisant au plus grand nombre.

CONTACT

Brasserie d'Épenoy
38 Grande Rue
25800 Épenoy
03 81 47 68 27
https://www.brasserie-epenoy.fr/fr
brasseriedepenoy@orange.fr

INFOS PRATIQUES

Ouvert de mercredi à vendredi 16h-19h
Samedi 10h-12h et 16h-19h
Visite et dégustation sur rendez-vous

UNE BIÈRE APRÈS LA RANDO ?

La 4 planches, Ale

Cette bière d'un blond doré sent le sapin et doit donc son nom, comme on pouvait le supposer, à l'odeur parfumée qui s'en dégage. Elle est brassée à partir d'orge non torréfié, de trois houblons différents et de liqueur de sapin. Peu sucrée et peu amère, au goût boisé, c'est une bière qui se déguste fraîche en toutes saisons.

QUE FAUT-IL ABSOLUMENT RAMENER DE LA BRASSERIE ?

… **Aux fans du cultissime film « Les Visiteurs »** : *La Dam'naïs* – 7,5 % APV. Richement houblonnée et aux malts d'orge légèrement torréfiés, peu amère, cette bière de style IPA présente une belle robe d'un jaune soutenu. Elle est conditionnée en 33 cl et 75 cl.

… **Aux habitants d'Épenoy et à tous les autres** : *La Spinoyenne* – 5 % APV. De couleur intense, cette bière ambrée aux notes herbacées est préparée à partir de trois houblons. Par son amertume légère et son goût doux et équilibré, elle conviendra parfaitement pour l'apéritif comme pour le repas.

LE CRÊT MONNIOT, DEPUIS LES PÉROUSES

Avec ses 1141 m d'altitude, le crêt Monniot est le point culminant d'une crête qui s'étend sur une dizaine de kilomètres du mont Pelé au sud-ouest au mont Chaumont au nord-est. Très prisé des skieurs de fond en période hivernale, le secteur offre par temps clair un panorama s'étendant jusqu'au Mont-Blanc.

FICHE TECHNIQUE

N 47.02883° / E 6.35122°

5 h — 1141 m

15 km — Moyenne

415 m — 3424 OT

DESCRIPTION DE LA RANDONNÉE

D'Épenoy, emprunter la D32 jusqu'à Nods, puis la N57 en direction de Pontarlier. La quitter à hauteur d'Aubonne pour remonter vers la gauche l'étroite route menant à la Pérouse du Haut. Stationner en bordure de route aux abords du carrefour.

D/A : De la ferme La Pérouse du Haut, emprunter la route qui s'oriente vers le nord-est et la quitter rapidement vers la droite pour suivre la piste.

1. Environ 500 m plus loin, prendre à gauche la piste qui se transforme rapidement en un sentier herbeux peu fréquenté qui s'élargit ensuite à hauteur du lieu-dit Sur le Bois.

2. Il se prolonge par une route que l'on suit toujours vers le nord-est avant d'emprunter à droite celle qui conduit aux Épercherets.

3. Contourner le bâtiment par le sud et traverser la prairie d'ouest en est en franchissant des clôtures amovibles pour rejoindre une piste au lieu-dit Le Haut Mont.

4. Emprunter brièvement la petite route et, après deux épingles, s'engager sur la piste qui descend vers le nord. Elle rejoint une route en contrebas que l'on emprunte vers la droite sur une centaine de mètres avant de s'engager, de nouveau à droite, dans la combe Coulon.

5. À l'extrémité de celle-ci, prendre à gauche sur la route, puis à droite sur la piste pour gagner Les Œillettes.

6. Poursuivre sur la piste vers le sud avant de remonter les pentes herbeuses vers la gauche et gagner le sommet du crêt Monniot.

7. Rebrousser chemin et, avant d'atteindre Les Œillettes, descendre vers la gauche le sentier qui longe la prairie, y pénétrer à son extrémité puis entrer à droite dans le bois.

8. Le sentier se faufile entre les arbres puis tourne à droite pour atteindre un croisement de chemin. S'engager dans celui qui remonte sur la gauche, franchir la clôture en empruntant une marche en bois et rejoindre la piste pour regagner Le Haut Mont.

Grange Nicod depuis le belvédère sud

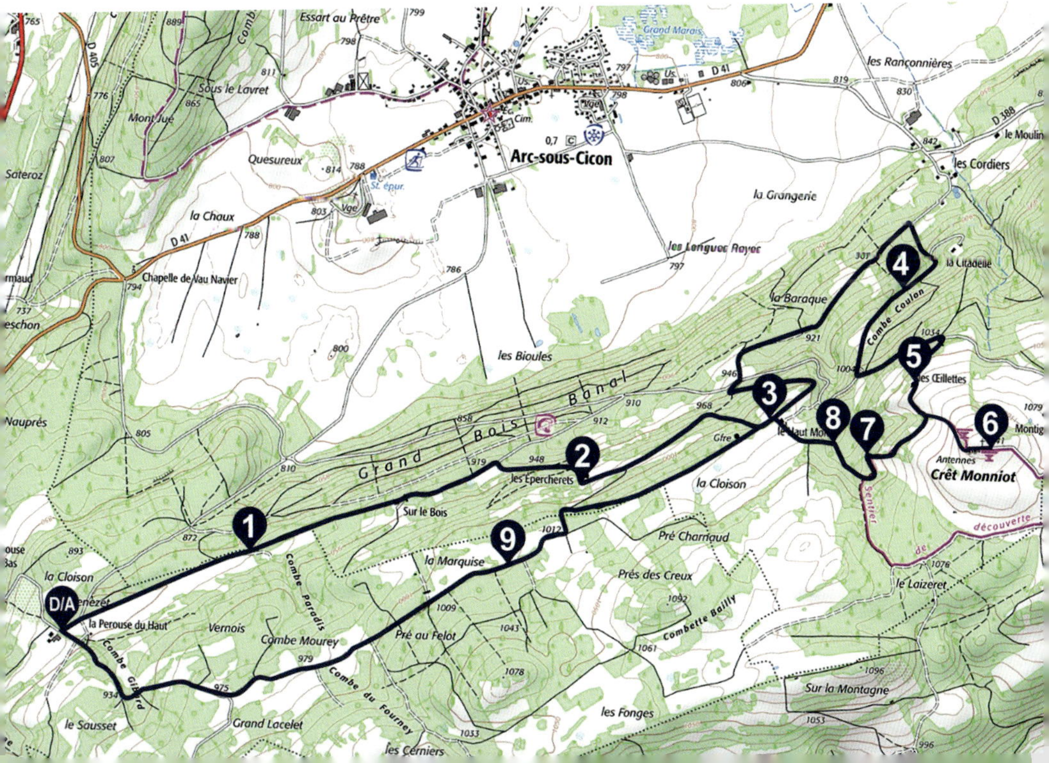

9. Emprunter alors la piste qui se dirige vers le sud-ouest pratiquement en ligne droite et qui traverse bois et prairies en franchissant plusieurs clôtures amovibles. Elle rejoint une petite route que l'on emprunte vers la droite pour rejoindre La Pérouse du Haut.

Lis martagon

POINTS DE PASSAGE

D/A : km 0 – alt. 890 m – Pérouse du Haut
1 : km 1,0 – alt. 909 m – Sentier herbeux
2 : km 2,8 – alt. 975 m – Épercherets
3 : km 3,9 – alt. 1 014 m – Haut Mont
4 : km 6,1 – alt. 909 m – Combe Coulon
5 : km 7,6 – alt. 1 060 m – Œillettes
6 : km 8,2 – alt. 1 141 m – Crêt Monniot
7 : km 9,0 – alt. 1 037 m – Entrée en prairie
8 : km 9,4 – alt. 1 015 m – Carrefour
9 : km 11,1 – alt. 1 012 m – Piste de retour

Prairies fleuries du Haut Mont

08 Brasserie La Brelok'

Au Pays Horloger, le temps est venu pour Samuel de passer au pain liquide. Boulanger-pâtissier de formation, il exerce en effet pendant de nombreuses années dans diverses entreprises. Les multiples contraintes du métier l'amènent alors à envisager une reconversion dans le domaine brassicole. Une première expérience en amateur, peu satisfaisante, n'entame pas sa détermination. Avec une formation en poche et disposant d'un matériel mieux adapté, il s'emploie à élaborer un grand nombre de recettes, qu'il retient ou non selon les résultats obtenus. En 2022, il s'installe dans un ancien atelier et produit à partir de malts français et de houblons aromatiques variés des bières modérément alcoolisées. Aux cinq permanentes s'ajoutent des éphémères comme la Cid'dream, une bière de style Sour à base de pommes, ou la Lok'Nex, une Red Ale IPA née d'une collaboration avec un bar à bières de la région. La brasserie organise des concerts à intervalles réguliers autour de son « Bistrot des potes ».

CONTACT

Brasserie La Brelok'
4 rue de la Voigéra
25500 Les Fins
07 86 94 93 01
brasserielabrelok.lesfins@gmail.com

INFOS PRATIQUES

Ouvert jeudi 17h-1h,
vendredi 16h-1h,
samedi 9h30-1h,
dimanche 9h30-19h
Visite sur demande

UNE BIÈRE APRÈS LA RANDO ?

La Dry Stout, Ale

ALC MODÉRÉE BRUNE MALTÉE

Bière résolument sombre à l'amertume modérée et à la mousse onctueuse, elle offre de belles notes torréfiées de café, de caramel et de chocolat. Des copeaux de chêne imprégnés à l'Armagnac sont ajoutés en cours de fermentation pour produire un délicat effet barriqué.

QUE FAUT-IL ABSOLUMENT RAMENER DE LA BRASSERIE ?

... **À ceux qui ne jurent que par les « triple hops » :** *L'IPA* – 6 % APV. Cette India Pale Ale aux notes complexes d'agrumes et de fruits exotiques (mangue, fruit de la passion, noix de coco) résulte de l'emploi de trois houblons aromatiques : l'Ekuanot, le Sabro et l'Azacca. Ce n'est donc pas une triple au sens propre mais qu'à cela ne tienne...

... **Aux arbitres de la qualité :** *La Ripompette* – 5 % APV. Cette bière ambrée à la robe cuivrée, de style Irish Red Ale, est élaborée à partir de plusieurs malts et de houblon Ariana au caractère boisé. Elle exhale des saveurs de café et de caramel et des arômes fruités (mûre, cassis).

LE CHÂTELARD, PAR LE SAUT DU DOUBS

À la frontière franco-suisse, le saut du Doubs résulte d'un éboulement survenu voici plus de 10 000 ans. La cascade de 27 m qui en résulte constitue un lieu touristique facilement accessible et très prisé, au moins dans sa première partie. En aval de la chute, dominant le Doubs, le Châtelard offre une vue plongeante sur le lac de Moron situé en contrebas.

FICHE TECHNIQUE

N 47.08531° / E 6.70339°

4 h	1 027 m
9,5 km	Moyenne
412 m	3524 OT

DESCRIPTION DE LA RANDONNÉE

Depuis Les Fins, emprunter la D215 en direction de Villers-le-Lac et la quitter vers la gauche après 7 km environ pour rejoindre la D238. Traverser le carrefour et suivre vers le nord-est la route menant à Les Taillards. Prendre alors à droite et stationner au parking Les Vions.

Sommet du Châtelard dominant le Doubs

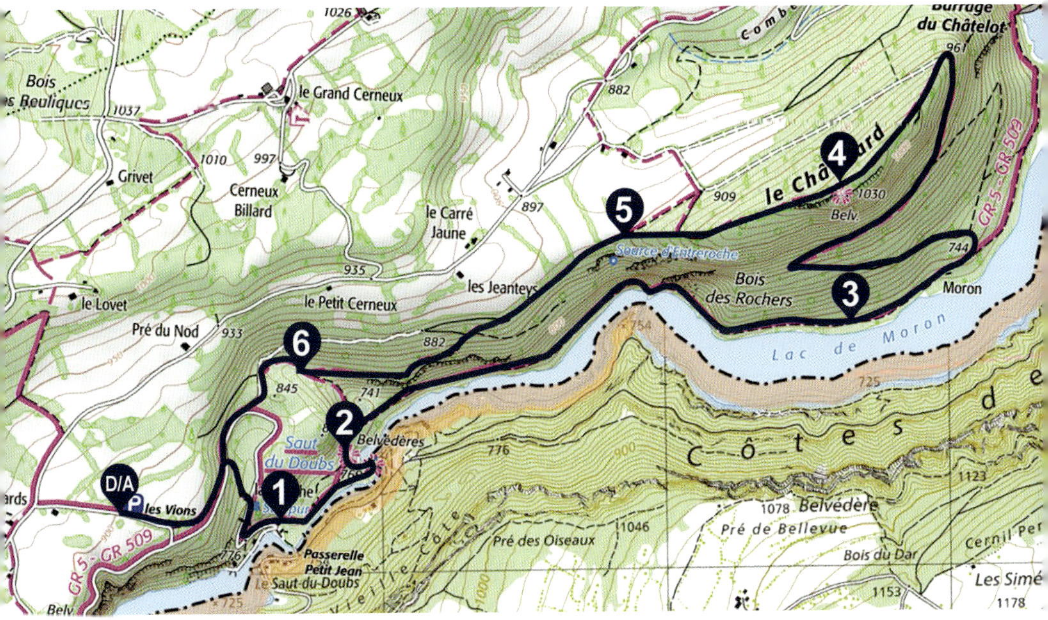

D/A : Du parking Les Vions, emprunter vers l’est le sentier qui descend en direction de la cascade (balisage double).

1. Rejoindre la route en contrebas en descendant un escalier aménagé, prendre brièvement à gauche avant de poursuivre sur le sentier à droite. On atteint alors les quelques maisons, l’embarcadère et la passerelle Petit Jean menant en Suisse, à l’extrémité nord du bassin du Doubs.

2. Remonter ensuite la piste en direction du saut du Doubs et prendre à droite pour rejoindre le belvédère bas qui domine la cascade. Rebrousser chemin et prendre à droite pour remonter un escalier aménagé en direction du belvédère haut qui fait face à la cascade.

Daphné bois-gentil

3. Poursuivre vers le nord-est sur le GR5 qui longe le Doubs et rejoint le lac de Moron. À hauteur de la cabane, prendre à gauche et remonter la piste qui louvoie sur les pentes du Châtelard (balisage jaune/bleu).

4. Lorsqu'elle amorce une boucle vers le sud-ouest, emprunter à gauche l'étroit sentier qui remonte vers le sommet du Châtelard en longeant la crête.

5. Du belvédère sommital, poursuivre vers l'ouest, puis emprunter un sentier vers la gauche qui conduit à une prairie. On la longe durant une centaine de mètres avant de pénétrer de nouveau en forêt.

6. Poursuivre la descente en direction du Doubs jusqu'à une bifurcation en T. Tourner alors à droite puis à gauche après 100 m pour rejoindre la route que l'on remonte en direction de l'escalier aménagé emprunté précédemment, puis du parking.

POINTS DE PASSAGE

D/A : km 0 – alt. 890 m – Parking Les Vions
1 : km 0,8 – alt. 760 m – Embarcadère
2 : km 1,5 – alt. 745 m – Belvédères
3 : km 4,0 – alt. 733 m – Lac de Moron
4 : km 6,5 – alt. 1 030 m – Belvédère du Châtelard
5 : km 7,4 – alt. 876 m – Prairie
6 : km 8,6 – alt. 805 m – Bifurcation

Saut du Doubs

09 LA BONNE BOUILLE

Rassembler des souvenirs de lycée et de parcours de formation en un seul mot aux accents chaleureux et vous obtenez « bouille ». Pour Sébastien, l'agro-alimentaire auquel il se forme et qu'il approfondit lors d'un apprentissage au Québec comme fromager est une véritable passion. Un master en automatisme en poche, il travaille initialement à la conception de projets clé en main de vente et de transformation. En parallèle, la découverte du monde brassicole l'amène à réaliser ses premiers brassins. Il tente alors l'aventure comme entrepreneur en 2016 par le biais d'un produit susceptible de générer cohésion et convivialité. À partir de céréales franc-comtoises et de houblons issus de l'agriculture biologique, la brasserie propose une gamme de six bières permanentes certifiées, auxquelles s'ajoutent quelques éphémères au gré des envies ou des partenariats. Ainsi en est-il de la *Mille Sabords* vieillie en fût de Whisky, ou de la *Monarda Didyma* élaborée en collaboration avec l'Herberie jurassienne.

CONTACT

La Bonne Bouille
14 rue du Magasin
25300 Pontarlier
06 40 59 98 46
https://www.brasseriebonnebouille.com
brasseriebonnebouille@gmail.com

INFOS PRATIQUES

Ouvert jeudi 16h30-18h

UNE BIÈRE APRÈS LA RANDO ?

La Pure 100, Pale Ale

5,5 %

ALC | LÉGÈRE | BLONDE | FRUITÉE

Produite initialement à l'occasion du 100e brassin, c'est une bière de pure race, élaborée depuis lors à chaque printemps à partir de malts Pils et Munich et d'une seule variété de houblon. De style Pale Ale et très organoleptique, elle arbore une robe blond doré et exhale des notes fruitées.

QUE FAUT-IL ABSOLUMENT RAMENER DE LA BRASSERIE ?

... **Aux chasseurs de comètes :** *L'Éclipse Totale* – 6 % APV. Bière noire de style Stout, brassée avec de l'orge touraillée et torréfiée, elle offre en vieillissant des notes de café et de réglisse. Le houblonnage léger lui apporte une petite touche fruitée.

... **Aux artistes maudits :** *La Fée Prohibée* – 5,3 % APV. De style Pale Ale, cette bière blonde légèrement amère offre un bel équilibre entre houblon et absinthe, une plante entrant dans la confection de spiritueux anisés qui furent interdits en France et en Suisse pendant près de 100 ans.

LE GRAND TAUREAU, DEPUIS LES ENTREPORTES

Sur les hauteurs de Pontarlier, à la frontière franco-suisse, le Grand Taureau offre par temps clair une vue étendue sur les Alpes bernoises, le massif du Mont-Blanc, les Dents du Midi, le Grand Combin et, à plus courte distance, sur les sommets du Jura vaudois. Le site est très prisé l'hiver des amateurs de raquette et de ski de fond.

FICHE TECHNIQUE

N 46.91698° / E 6.40259°

6 h	1 323 m
16 km	Moyenne
572 m	3425 OT

DESCRIPTION DE LA RANDONNÉE

De Pontarlier, emprunter la D47 menant à Morteau et la quitter vers la droite après environ 2 km. Prendre de nouveau à droite vers le Défilé des Entreportes et stationner immédiatement au-delà sur le parking situé au pied des rochers dénommés Les Dames des Entreportes.

D/A : Du parking, emprunter vers le sud-ouest la variante du GR5 qui suit une route forestière.

1. Après la bifurcation conduisant à la ferme de La Motte, quitter la route vers la gauche et poursuivre vers le nord-est par un sentier qui traverse bois et prairies (balisage blanc/rouge). Il rejoint la route précédente que l'on suit vers la gauche sur 200 m environ avant de la quitter de nouveau vers la droite.

2. Au carrefour du Grand Bois, prendre à gauche en suivant alors le sentier de découvertes et la route de l'Absinthe. Le tracé s'oriente vers le nord-est, avant de bifurquer brutalement vers le sud-ouest et remonter sous la barre rocheuse.

Gentiane ciliée

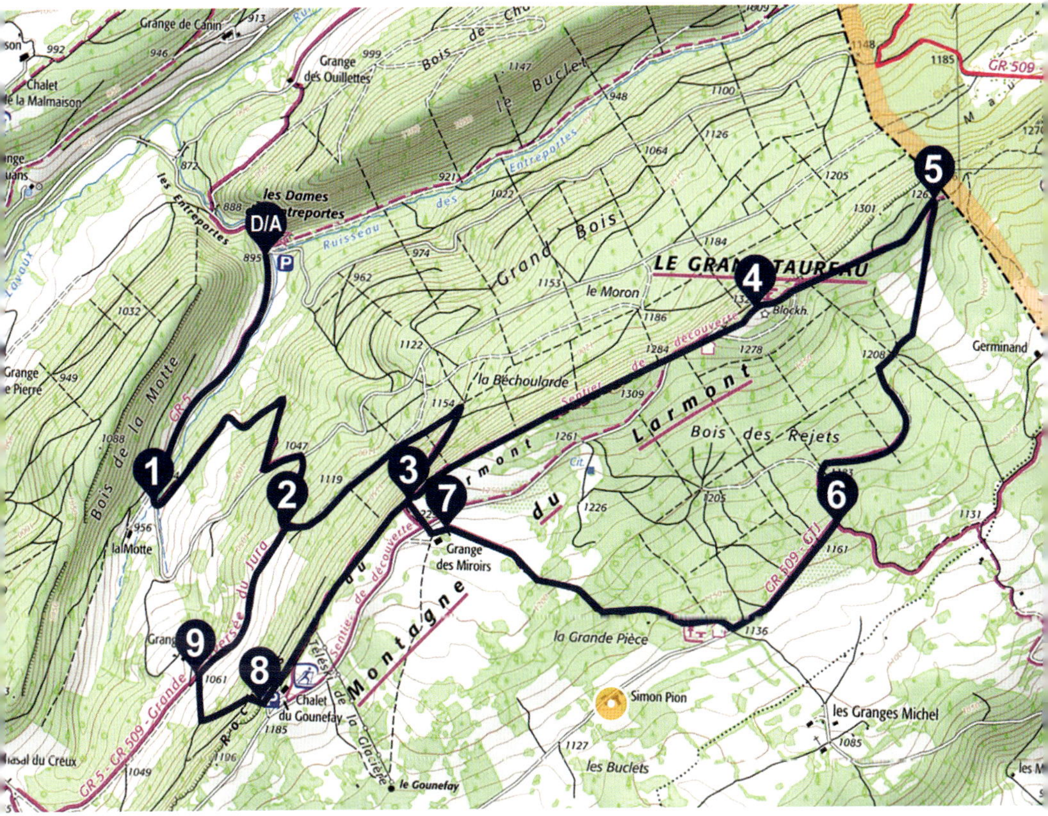

Grange Ferry

3. Aux Rochers du Larmont, suivre à gauche vers le nord-est un tracé rectiligne d'1,5 km environ, quelque peu exposé par endroits et qui monte en direction du sommet (balisage jaune/bleu).

4. Du Grand Taureau et sa table d'orientation, poursuivre dans la même direction en empruntant un sentier de crête.

5. Il rejoint la frontière franco-suisse que l'on suit brièvement en descendant vers le sud-est afin de rejoindre, en contrebas du côté français, la piste que l'on emprunte vers la gauche.

6. Elle s'oriente globalement vers le sud et, au sortir du bois, traverse une prairie, pénètre de nouveau en forêt et zigzague dans le bois des Rejets avant d'atteindre une bifurcation.

7. Poursuivre vers le sud-ouest en longeant une prairie et, à la bifurcation suivante, emprunter à droite le GR5 qui remonte en direction de la grange des Miroirs en traversant bois et prairies (balisage double).

8. Remonter vers les Rochers du Larmont et prendre à gauche en direction du chalet du Gounelay. Le contourner par la gauche et

Alpes bernoises depuis le Grand Taureau

repérer derrière un sentier qui descend dans le bois.

9. Prendre à gauche et ensuite deux fois à droite pour rejoindre un carrefour de pistes à hauteur de Grange Ferry. Remonter brièvement la piste vers la droite jusqu'au carrefour du Grand Bois, puis descendre vers la gauche pour rejoindre la route forestière. Poursuivre de nouveau vers la gauche en direction de la ferme de La Motte, d'où on regagne le parking.

POINTS DE PASSAGE

D/A : km 0 – alt. 895 m – Parking
1 : km 1,2 – alt. 943 m – La Motte
2 : km 2,8 – alt. 1 083 m – Grand Bois
3 : km 4,3 – alt. 1 229 m – Rochers du Larmont
4 : km 6,0 – alt. 1 323 m – Grand Taureau
5 : km 6,9 – alt. 1 268 m – Frontière
6 : km 8,8 – alt. 1 167 m – Bois des Rejets
7 : km 10,9 – alt. 1 225 m – Grange des Miroirs
8 : km 12,0 – alt. 1 189 m – Chalet du Gounelay
9 : km 12,7 – alt. 1 060 m – Grange Ferry

10 LA TROUILLOU

Au départ, il y eut l'emploi d'un kit de brassage qui permit de confectionner en cuisine quelques bières dégustées entre amis. Ensuite, inévitablement, est venue l'envie d'expérimenter de nouvelles saveurs tout en augmentant quelque peu la production. Particulièrement intéressée par l'aspect créatif de l'activité et forte d'une formation en agro-alimentaire, Anne franchit le pas en créant en 2021 la brasserie La Trouillou. Ce nom fait référence aux habitants de la commune qui portent le nom énigmatique de Trouille-bourreaux, dont l'interprétation reste encore débattue. Refermentées en bouteille, les bières sont produites à partir de malt de base français et conditionnées dans des emballages de même origine. Outre les permanentes et les saisonnières, la gamme comprend quelques bières éphémères comme la *6Trouillou*, 6e du lot à base de citrouille, ainsi que la *Vermillon*, une savoureuse Irish Red Ale à la robe rouge-orange. Toutes sont proposées en 33 cl et 75 cl, notamment en *click & collect*.

CONTACT

La Trouillou
10 impasse des Écureuils
25370 Les-Hôpitaux-Neufs
06 95 94 20 15
https://www.brasserie-latrouillou.com
contactlatrouillou@gmail.com

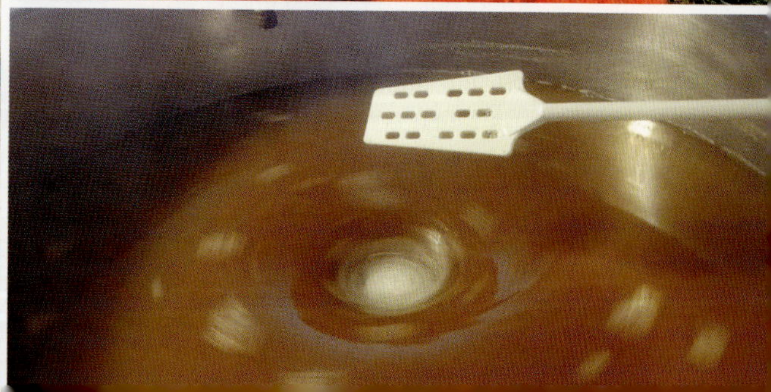

UNE BIÈRE APRÈS LA RANDO ?

La Trouillou Session IPA, Ale

ALC LÉGÈRE BLONDE FLORALE

Aux notes de houblons prononcées, cette Session IPA est une bière bien moins amère si on la compare aux pures IPA. Acidulée et à la robe légèrement ambrée, elle exhale des notes florales et une touche d'agrumes suivie d'un petit goût de fruit sec typique du malt de seigle entrant dans sa composition.

QUE FAUT-IL ABSOLUMENT RAMENER DE LA BRASSERIE ?

… **À ceux que la bière blanche indiffère :** *La Trouillou Blanche* – 5,5 % APV. Pétillante et à la robe dorée, la Trouillou Blanche est une bière à déguster bien fraîche. Son caractère légèrement acidulé et ses notes d'agrumes et d'épices raviront les plus blasés.

… **Aux nostalgiques de Marilyn :** *La Trouillou Blonde* – 6 % APV. De fermentation haute, discrètement amère, cette bière blonde affirme des notes maltées légèrement biscuitées et un caractère subtilement épicé et résineux.

LE MONT D'OR, PAR LE LAC DU MOROND

S'élevant à plus de 1 450 m d'altitude à proximité de la frontière franco-suisse, le Mont d'Or est le plus haut sommet du département du Doubs. Il fait partie intégrante du Parc naturel régional du Haut-Jura, à l'extrémité nord-est de la crête qui s'étire depuis les rives du Rhône. Le Mont d'Or prête son nom à un fromage réputé, entouré d'une sangle en écorce d'épicéa et produit saisonnièrement de part et d'autre de la frontière.

FICHE TECHNIQUE

N 46.74394° / E 6.34208°	
5 h	1 463 m
10,5 km	Moyenne
399 m	3426 OT

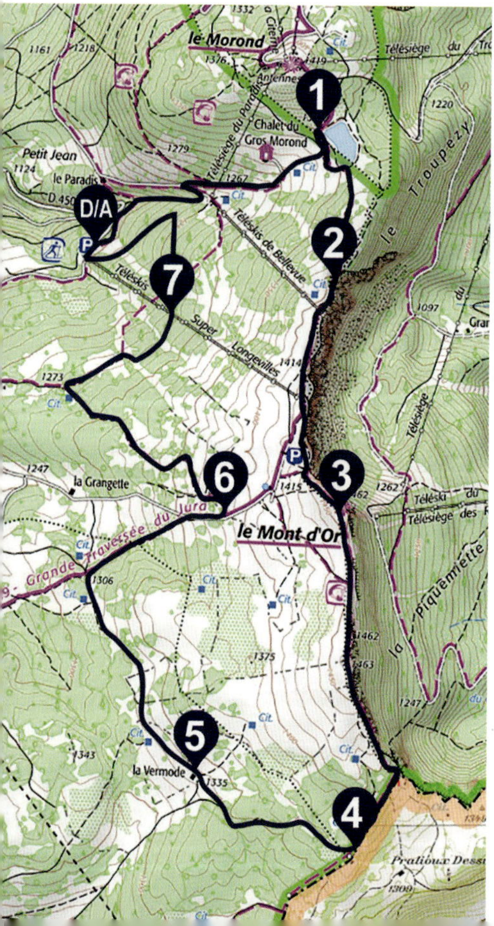

DESCRIPTION DE LA RANDONNÉE

Des Hopitaux-Vieux, emprunter la D45 jusqu'à Longevilles-Mont-d'Or, puis la D450 menant au Mont d'Or. Stationner au parking du Paradis au pied des pistes.

D/A : Du parking, emprunter le sentier qui monte derrière le restaurant Le Flocon.

Nigritelle d'Autriche

Lac du Morond

1. Prendre ensuite à droite pour rejoindre une piste au pied du télésiège du Paradis et poursuivre la montée sur celle-ci en direction du lac du Morond que l'on contourne par le sud.

2. Poursuivre vers le sud sur le sentier qui serpente dans les alpages en remontant vers la crête et rejoindre le belvédère des Chamois (balisage double).

3. Suivre ensuite la crête jusqu'au sommet du Mont d'Or.

4. Amorcer la descente toujours vers le sud et rejoindre la frontière franco-suisse, puis la suivre vers le sud-ouest jusqu'à la cabane de la Gym.

5. Bifurquer alors vers le nord-ouest sur une piste herbeuse en direction du chalet de La Vermode que l'on atteint après avoir franchi une chicane dans la clôture.

6. Poursuivre dans la même direction sur la large piste jusqu'au carrefour avec le sentier du GR5 et prendre à droite pour remonter brièvement vers la petite route menant au parking du Mont d'Or.

La suivre sur environ 200 m jusqu'au pâturage de la Grangette et emprunter à gauche le sentier qui s'oriente vers le nord-ouest (balisage jaune/bleu).

7. Au prochain carrefour de piste, prendre à droite. Le sentier va progressivement s'orienter vers le nord et franchir le téléski de Super Longevilles avant d'aboutir au pied du téléski de Bellevue.

Descendre alors vers la gauche pour rejoindre le parking.

POINTS DE PASSAGE

D/A : km 0 – alt. 1 192 m – Parking
1 : km 1,7 – alt. 1 350 m – Lac du Morond
2 : km 2,4 – alt. 1 370 m – Belvédère des Chamois
3 : km 3,5 – alt. 1 462 m – Mont d'Or
4 : km 5,1 – alt. 1 366 m – Cabane de la Gymn
5 : km 5,9 – alt. 1 335 m – La Vermode
6 : km 7,7 – alt. 1 380 m – Pâturage de la Grangette
7 : km 9,5 – alt. 1 274 m – Super Longevilles

Mont-Blanc depuis la crête

Jura

Belvédère des quatre lacs

11

Vachement sympa de la part de Julien de libérer un espace dans un agenda pourtant surchargé par les diverses tâches inhérentes au métier ! Après un cursus en agriculture, un emploi en génétique bovine dans une coopérative et une activité brassicole pour les amis pendant près de 10 ans, il crée sa société en 2018 et s'installe dans l'écurie d'une ancienne maison familiale. Pour faire face à une demande croissante, il s'y implique à temps plein à partir de 2020 avec l'objectif de développer une activité économique en milieu rural. Julien ne s'impose aucune contrainte sur les goûts, ce qui le conduit à proposer une riche gamme de bières, y compris éphémères ou barriquées. Elles sont élaborées à partir d'une eau de source peu minéralisée, chose étonnante dans le massif jurassien. Les malts d'orge, de blé et de seigle issus de l'agriculture biologique et les houblons de diverses provenances offrent une palette de produits aromatiques susceptibles de convenir à une large diversité de palais.

CONTACT

Vachement Jura
15 rue du Poupet
39110 Ivrey
06 77 99 64 52
https://www.vachement-jura.fr
contact@vachement-jura.fr

INFOS PRATIQUES

Ouvert samedi et dimanche 14h30-18h
En semaine sur rendez-vous

UNE BIÈRE APRÈS LA RANDO ?

La Vachement Brute, Brut IPA

Bière blonde, pétillante et à l'amertume légère, de style Brut IPA, elle repose sur un procédé de brassage original au cours duquel des levures, à la palette métabolique étendue, assèchent la bière et permettent ainsi aux arômes fruités du houblon de s'exprimer pleinement.

QUE FAUT-IL ABSOLUMENT RAMENER DE LA BRASSERIE ?

… **Aux natifs de Grodzisk Wielkopolski :** *La Vachement Fumée* – 4,8 % APV. Bière saisonnière d'hiver peu amère, de style Grätzer de tradition polonaise, elle est élaborée à partir de blé fumé. Elle se marie à merveille avec charcuteries et fromages, en particulier le renommé Mont d'Or.

… **Aux pratiquants de sports extrêmes :** *La Vachement Terrible* – 10,5 % APV. Bière noire à l'amertume prononcée, de style Imperial Stout, élaborée à partir de 4 malts et de 11 houblons, de poivre noir et de fèves Tonka. Au caractère bien trempé, elle exhale des arômes de chocolat noir.

LE MONT POUPET, DEPUIS LE COL DU CODA

Dominant Salins-les-Bains, le mont Poupet offre un joli panorama sur la vallée de la Furieuse, en particulier depuis un promontoire situé à son extrémité sud et orné d'une table d'orientation. Plusieurs aires d'envol de parapente y ont été aménagées sur son versant nord, ainsi que des tracés de VTT en forêt.

FICHE TECHNIQUE

N 46.98831° / E 5.91102°

4 h — 836 m

9,5 km — Moyenne

394 m — 3324 ET

Vélar jaunâtre

DESCRIPTION DE LA RANDONNÉE

D'Ivrey, emprunter la D261, puis la D273 en direction de Saizenay. Stationner en bordure de piste au col du Coda.

D/A : Du col, emprunter la large piste qui se dirige vers le sud-ouest.

1. Au carrefour du Lézinet, poursuivre en direction du mont Poupet sur un sentier globalement rectiligne qui s'oriente vers le sud-ouest et est emprunté par le GR59.

2. Il remonte progressivement et rejoint une piste. Prendre à gauche et poursuivre vers le sud-ouest jusqu'au carrefour de pistes de Cote Guillaume.

3. Laisser en face celle qui mène aux tables à pique-nique et emprunter celle de droite qui va conduire à la Corne de St-Thiébaud en passant par plusieurs aires d'envol.

4. Le sentier amorce alors une boucle vers le sud-est, passe de nouveau par des aires

Croix de Poupet

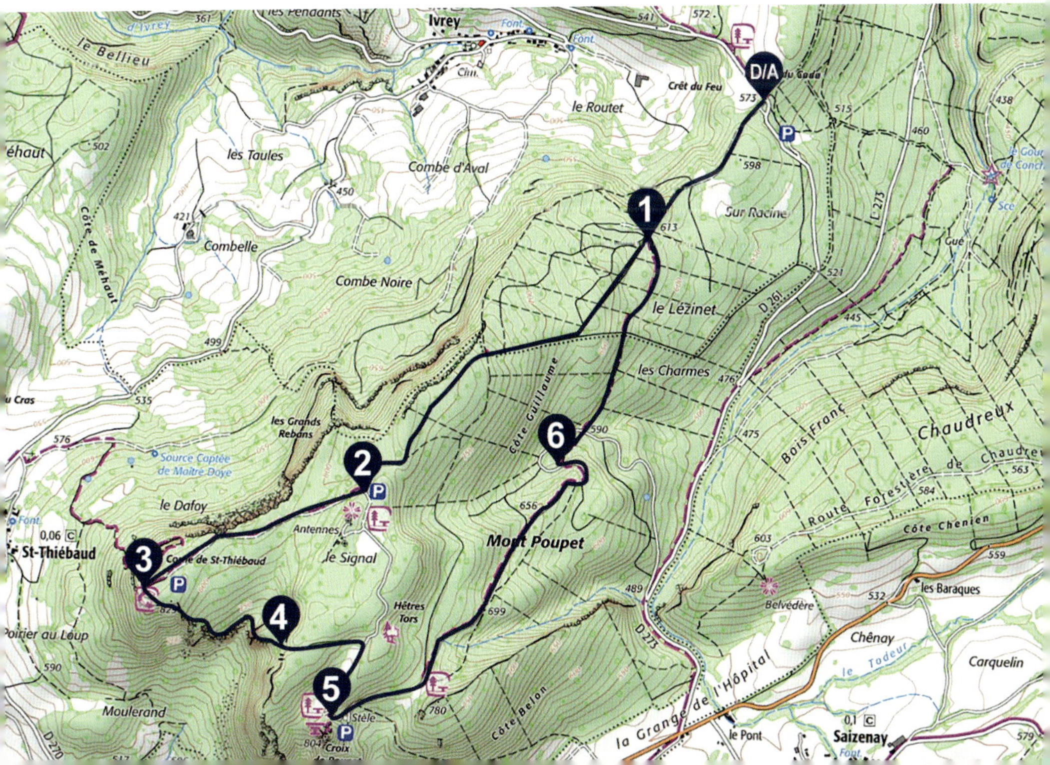

d'envol avant de descendre vers la droite, traverser une forêt de résineux et rejoindre une piste marquée « sentier de la forêt ».

5. Prendre alors à droite, suivre la piste brièvement avant de poursuivre la descente pour atteindre une petite route, d'où on aperçoit la croix de Poupet.

La descendre vers la droite pour gagner le sommet du promontoire en un bref aller-retour par des escaliers aménagés.

6. Poursuivre la descente sur la route. Après 1,5 km environ, elle forme une double épingle vers la gauche puis vers la droite. La quitter ensuite pour suivre la piste qui s'oriente vers le nord. Elle permet de rejoindre le carrefour du Lézinet, d'où on regagne le point de départ.

POINTS DE PASSAGE

D/A : km 0 – alt. 573 m – Col du Coda
1 : km 0,8 – alt. 592 m – Lézinet
2 : km 2,6 – alt. 834 m – Cote Guillaume
3 : km 3,8 – alt. 809 m – Corne de St-Thiébaud
4 : km 4,8 – alt. 815 m – Sentier de la forêt
5 : km 5,6 – alt. 804 m – Croix de Poupet
6 : km 7,7 – alt. 612 m – Double épingle

Salins-les-Bains depuis le Poupet

12

« *Bonum vinum laetificat cor hominis* », « Le bon vin réjouit le coeur de l'homme », ce qui n'empêche pas Léo de produire également de la bière. Cumulant des formations en agro-alimentaire, viticulture et commerce, il se découvre un intérêt pour la bière à l'occasion de multiples salons qui se tiennent en Belgique. Parallèlement au travail de la vigne, il commence alors à brasser en amateur pendant deux ans. L'activité, qui se voulait à l'origine un amusement, se professionnalise. Elle se concrétise en 2015 par la création d'une auto-entreprise nichée au milieu des vignobles et qui se mue en société trois ans plus tard. Les malts francs-comtois et les houblons européens et américains permettent à Léo d'élaborer une gamme permanente de bières légères, peu amères et peu alcoolisées. Elles sont conditionnées en bouteilles et en fûts inox et distribuées notamment dans les magasins de produits régionaux. S'y ajoute une bière de Noël, brune, légèrement torréfiée, élaborée à partir de malts d'orge et de blé et de houblon Mosaïc.

CONTACT

La Jurassique
24 rue du Chardonnay
39600 Pupillin
06 71 67 96 31
lajurassique@gmail.com

UNE BIÈRE APRÈS LA RANDO ?

La Blanche, Ale

Bière légère, à la robe jaune pâle, élaborée à partir de malts d'orge et de blé à parts égales. Ses saveurs de céréales auxquelles se mêlent de subtiles notes d'agrumes en font un breuvage idéalement désaltérant pour une fin de rando.

QUE FAUT-IL ABSOLUMENT RAMENER DE LA BRASSERIE ?

... **Aux rares vignerons-brasseurs :** *L'Ambrée* – 5 % APV. Tantôt rafraîchissante, tantôt gourmande, cette bière à la robe cuivrée confectionnée à partir de malts variés (Pils, Cara, Melano, Abbey...) exhale des arômes de caramel et de biscuit.

... **Aux stars du tennis féminin :** *La P'tite Anna* – 4,5 % APV. Un malt Pils, du houblon aromatique, un faible taux d'alcool et il n'en faut pas plus pour rendre cette bière blonde particulièrement désaltérante.

CIRQUE DU FER À CHEVAL, PAR LA RECULÉE DES PLANCHES

Au sud du village des Planches-près-Arbois, le Cirque du Fer à Cheval abrite la cascade des Tufs et ses multiples bassins. Cette vallée encaissée, dominée par des falaises calcaires de près de 250 m de haut, est classée au titre des sites naturels protégés. À l'est, les ruines d'un château médiéval juché sur un éperon rocheux font actuellement l'objet d'études archéologiques, de travaux de restauration et de préservation du milieu naturel par l'Association pour la sauvegarde du château de la Châtelaine créée en 2008.

FICHE TECHNIQUE

N 46.86671° / E 5.81001°

4 h	570 m
9 km	Moyenne
318 m	3325 OT

DESCRIPTION DE LA RANDONNÉE

De Pupillin, emprunter la D246 jusqu'à Arbois, puis la D469 menant à Montrond. Stationner au parking du belvédère du Fer à Cheval.

D/A : Du parking, emprunter initialement, au sud de la départementale, le tracé du GR59 en direction de Pupillin (balisage blanc/rouge).

1. Le sentier bifurque plusieurs fois vers la droite, s'oriente vers le nord et rejoint une route. La suivre vers la gauche jusqu'au carrefour avec la route forestière de Pierre Encise. Emprunter alors à droite sur 1,5 km environ le sentier qui se dirige vers le nord.

2. À hauteur de la jonction Forêt d'Arbois, quitter le GR et prendre le sentier, caillouteux par endroits, qui descend vers la droite et coupe la départementale à plusieurs reprises (balisage jaune).

3. Il rejoint en contrebas la route menant aux Planches-près-Arbois. Prendre alors à droite et de nouveau à droite à l'entrée du

Phalangère rameuse

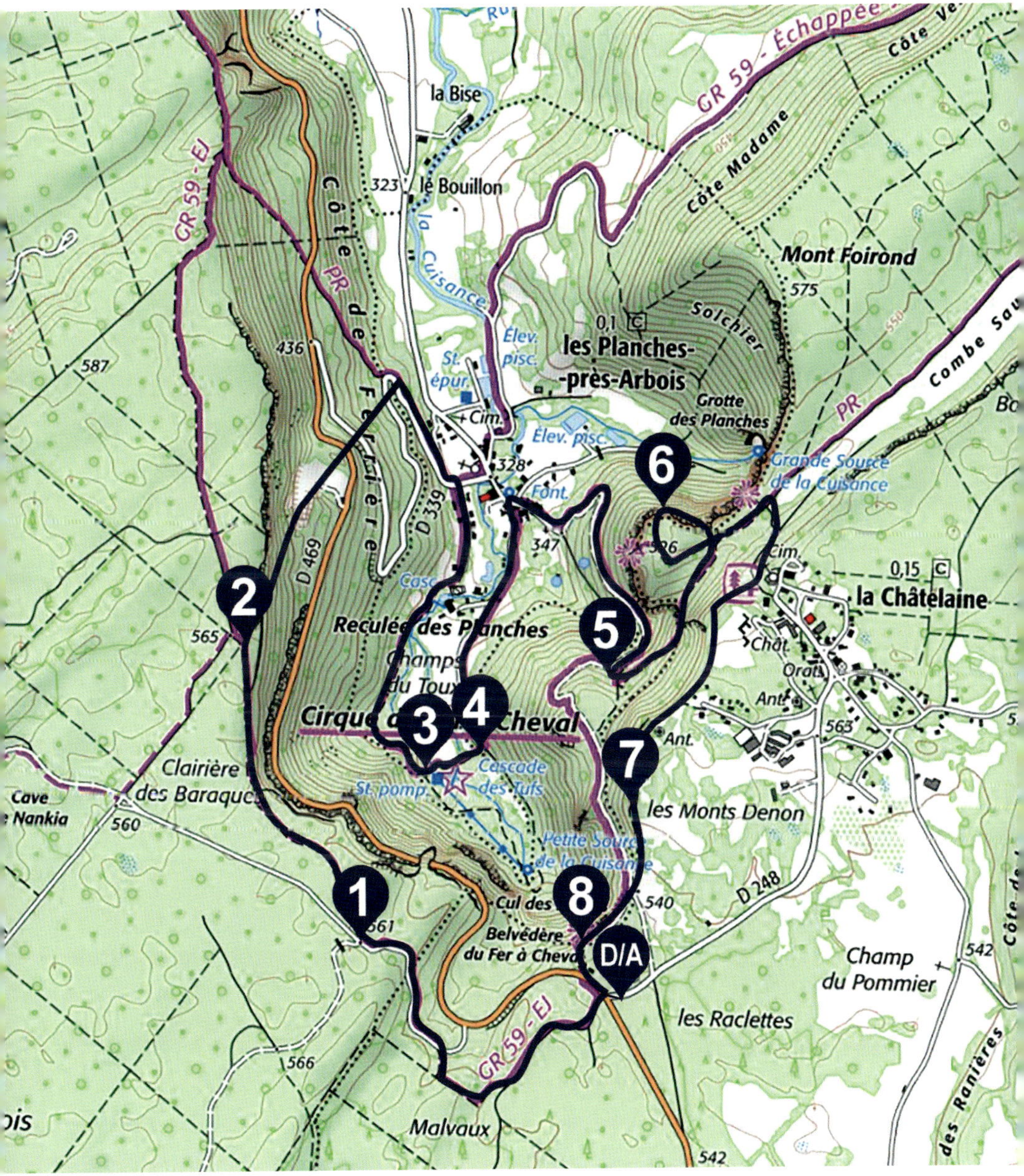
GR 59 - Échappée
Côte Ve
la Bise
le Bouillon
323
la Cuisance
Côte Madame
Mont Foirond
575
GR 59 - EJ
PR de Ferrière
Côte
436
587
Élev. pisc.
St. épur.
les Planches-
-près-Arbois
0,1
Solchier
Combe Sau
Grotte des Planches
PR
Cim.
328
Élev. pisc.
Grande Source de la Cuisance
Font.
D 339
D 469
347
526
Cim.
0,15
la Châtelaine
565
Reculée des Planches
Champs du Toux
Chât.
Orat.
Ant.
563
Cirque du Fer à Cheval
Ant.
Cascade des Tufs
St. pomp.
Clairière des Baraques
Cave Nankia
560
les Monts Denon
Petite Source de la Cuisance
D 248
Cul des
540
561
Belvédère du Fer à Cheval
Champ du Pommier
542
les Raclettes
GR 59 - EJ
566
Malvaux
542
des Ranières
1
2
3
4
5
6
7
8
D/A

Ruines du château de la Châtelaine

village pour remonter, après les premières maisons, le sentier qui longe la Cuisance. On rejoint une passerelle métallique qu'on emprunte pour traverser le cours d'eau et accéder à la cascade des Tufs.

4. À la bifurcation suivante, d'où il est possible d'accéder vers la droite en aller-retour à la petite source de la Cuisance, prendre à gauche. Poursuivre vers le nord en direction du village, puis emprunter la première route qui monte vers la droite (balisage blanc/rouge).

5. Elle se poursuit par une piste et, après une épingle, s'oriente globalement vers le sud. La quitter vers la gauche au Vieux Mont, puis de nouveau à gauche pour remonter en direction des ruines du château.

6. À la jonction avec la piste, pénétrer sur le site du château de la Châtelaine vers la gauche en empruntant un parcours qui permet d'en faire le tour.

7. Au sortir du site, partir en droite ligne sur la piste qui se dirige vers le nord-est et passe à proximité du belvédère de la Châtelaine. Prendre alors deux fois à droite sur un sentier qui longe le village et rejoint le belvédère des Monts Denon orné d'une croix.

8. Continuer vers le sud pour rejoindre la piste et la traverser en direction du belvédère du Fer à Cheval (balisage blanc/rouge), d'où on regagne le parking.

POINTS DE PASSAGE

D/A : km 0 – alt. 538 m – Parking du belvédère
1 : km 1,2 – alt. 560 m – Carrefour Pierre Encise
2 : km 2,1 – alt. 564 m – Forêt d'Arbois
3 : km 4,2 – alt. 352 m – Cascade des Tufs
4 : km 4,3 – alt. 363 m – Vers la source
5 : km 5,9 – alt. 453 m – Vieux Mont
6 : km 6,5 – alt. 520 m – Château de la Châtelaine
7 : km 8,0 – alt. 570 m – Belvédère des Monts Denon
8 : km 8,5 – alt. 526 m – Belvédère du Fer à Cheval

Cascade des Tufs

13 LES BABOUINS JURASSIENS

Les éthologues vous le diront, les babouins sont considérés comme sociables et grégaires. C'est ainsi que se définissent également Julien et Romain. Tous deux ingénieurs en entreprises, l'un d'eux ayant suivi une formation brassicole, ils décident lors d'une visite de cave en 2014 de faire de la brasserie une activité à titre privé. Au rythme d'un brassin toutes les deux semaines, ils commencent sur un financement propre, la vente des produits n'étant envisagée qu'en cas de succès. Celui-ci dépassant leurs attentes, les volumes produits se révèlent vite insuffisants. Ils s'installent alors en 2016 dans une ancienne menuiserie puis, d'employés à mi-temps, ils décident en 2020 de se consacrer exclusivement à la brasserie. À partir d'orge franc-comtois ou de malts belges et de houblons diversifiés, ils produisent une large gamme de bières, notamment aromatiques par houblonnage à froid. La brasserie se veut un lieu convivial où sont organisés des concerts dans le Baboon Garden conçu à l'image des Biergarten allemands.

CONTACT

Les Babouins jurassiens
2 rue Roger Thirode
39800 Poligny
https://www.thebaboon.fr
contact@thebaboon.fr

INFOS PRATIQUES

Ouvert jeudi et vendredi 16h-21h (20h l'hiver)
Visite sur rendez-vous

UNE BIÈRE APRÈS LA RANDO ?

La Tropicalistik, West Coast IPA

ALC MODÉRÉE AMBRÉE MALTÉE

Bière à l'amertume prononcée, à la robe cuivrée présentant un petit côté gourmand et résineux et des notes aromatiques variées (agrumes, mangue, myrtille...). Élaborée à partir de trois houblons, cette bière de style West Coast IPA offre un bel équilibre entre amertume et rondeur.

QUE FAUT-IL ABSOLUMENT RAMENER DE LA BRASSERIE ?

... **À ceux qui n'ont pas connu la Tchécoslovaquie** : *La Bohemian Spring* – 5,2 % APV. Bière de fermentation basse élaborée à partir de houblon Saaz, cette Pilsner de Bohème blonde et légère, à l'amertume modérée et aux notes florales et légèrement épicées, se révèle très désaltérante.

... **À ceux pour qui effervescence rime avec comprimé** : *La Fizzy Peasy* – 6,5 % APV. Bière blonde éphémère de style Brut IPA, sans sucre résiduel, élaborée à partir de houblon Talus à l'origine d'une aromatique complexe faite d'agrumes, de fleurs et de boisé.

GROTTE DE SAINT-BILBALBO, PAR LE SENTIER KARSTIQUE DES MALROCHERS

Le bois des Malrochers abrite un lapiaz, une formation rocheuse de surface dans des roches calcaires dissoutes sous l'action de l'eau contenant du CO_2. Le parcours balisé de 4 km environ permet de découvrir dolines, gouffres, grottes et autres arches, en deux boucles qui peuvent être parcourues séparément ou cumulées.

FICHE TECHNIQUE

N 46.80272° / E 5.79844°

2 h	568 m
4 km	Facile
5 m	3325 OT

Campanule gantelée

DESCRIPTION DE LA RANDONNÉE

De Poligny, emprunter la N5 menant à Champagnole et la quitter à droite après 10 km pour suivre la D4 menant à Besain. Le parking se situe à 1 km environ de la N5.

D/A : Du parking, emprunter le sentier qui pénètre dans le bois vers le sud-est.

1. Il longe le gouffre du Chat, profond de plus de 15 m.

2. Poursuivre dans la même direction pour accéder en aller-retour à la fontaine à Coupot par un escalier aménagé dans la roche.

3. Le sentier s'oriente ensuite vers le nord, longe le gouffre pédagogique utilisé pour des initiations à la spéléologie, et rejoint le gouffre des Arcades, une galerie souterraine qui s'est effondrée en bonne partie, ne laissant subsister que deux grandes arcades.

4. Poursuivre vers le nord sur le sentier qui louvoie en forêt, rejoint la Loge Maillet qui servit d'abri à un ermite et s'oriente ensuite progressivement vers l'ouest.

5. Rejoindre la départementale, la traverser et poursuivre vers l'ouest pour gagner le lapiaz de Besain et son labyrinthe.

6. Le sentier amorce ensuite une boucle vers l'est, puis conduit en aller-retour à la grotte de St-Bilbalbo, profonde d'environ 10 m et possédant deux salles d'environ 20 m de long séparées par une chatière. Poursuivre vers l'est, puis vers le sud par une piste rectiligne qui permet de regagner le parking en retraversant la départementale.

POINTS DE PASSAGE

D/A : km 0 – alt. 564 m – Parking
1 : km 0,0 – alt. 564 m – Gouffre du Chat
2 : km 0,4 – alt. 564 m – Fontaine à Coupot
3 : km 1,0 – alt. 565 m – Gouffre des Arcades
4 : km 1,3 – alt. 565 m – Loge Maillet
5 : km 2,4 – alt. 565 m – Lapiaz de Besain
6 : km 3,0 – alt. 565 m – Grotte de St-Bilbalbo

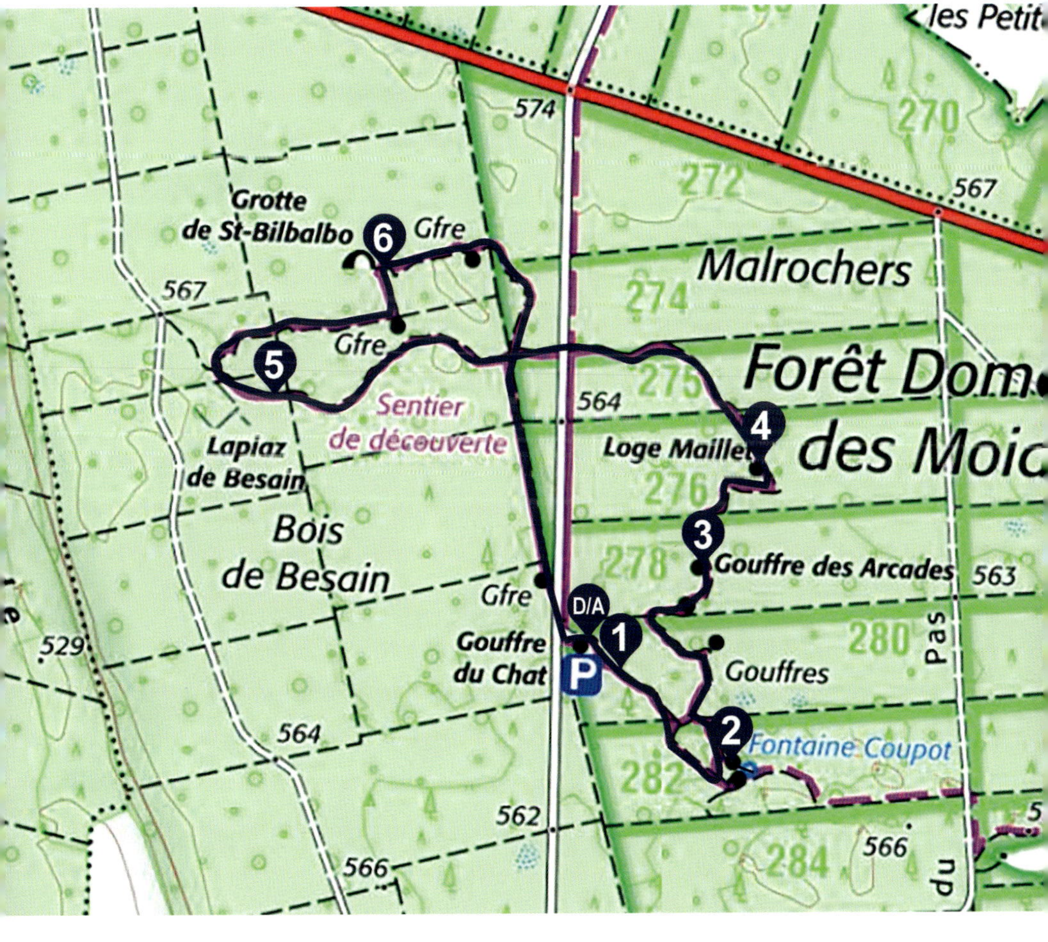

Forêt sur karst

14 PICO NINO

L'activité brassicole de Nicolas s'inscrit dans un vaste projet d'agriculture raisonnée. Après l'obtention d'un master en biologie et d'un brevet professionnel agricole, il accumule diverses expériences notamment auprès de l'Institut de recherche INRAE. De retour au pays, la difficulté d'acquérir des terres, dans une région riche de ses vins et de ses fromages, l'amène à créer une brasserie en 2019. Rigoureux et méthodique, son objectif est alors de développer un agrosystème complet qui inclut la valorisation des drèches en compost pour le maraîchage, la récupération de l'eau de refroidissement pour l'irrigation, l'élevage de chèvres pour l'entretien des parcelles, l'installation de ruches pour la pollinisation et la production de miel... Sa gamme actuelle est élaborée à partir de houblons et de malts bio provenant de France et de divers pays européens. Les bières se veulent maltées plutôt qu'houblonnées et chacune d'elles, conditionnée en bouteille consignée de 33 ou 75 cl, est nommée selon un des sept péchés capitaux.

CONTACT

Brasserie Pico-Nino
67 route de Bellecombe
39570 Macornay
06 83 95 38 29
brasserie.piconino@gmail.com

INFOS PRATIQUES

Ouvert jeudi et vendredi après-midi, samedi matin

UNE BIÈRE APRÈS LA RANDO ?

La Gourmande, Amber Ale

ALC LÉGÈRE AMBRÉE MALTÉE

Bière à l'amertume légère, avec beaucoup de corps, une petite longueur en bouche et une belle robe rouge, elle exhale des notes caramélisées et fruitées.

QUE FAUT-IL ABSOLUMENT RAMENER DE LA BRASSERIE ?

... **Aux inconditionnels du dénommé Poquelin :** *L'Avare* – 6,2 % APV. Maltée et modérément amère, cette American Pale Ale dorée se révèle légère et très florale.

... **Aux avides d'excès en tout genre :** *La Luxurieuse* – 5 % APV. Blanche peu houblonnée, cette bière acidulée est produite l'été à partir de quatre céréales (orge, avoine, épeautre et froment).

14 *Randonnée – Jura*

LA CROIX DE SUCHOT, PAR LA RECULÉE DE BAUME-LES-MESSIEURS

Au carrefour de trois reculées, dont la plus profonde abrite une grotte et une cascade sur le Dard, Baume-les-Messieurs figure parmi les plus beaux villages de France. L'Abbaye Saint-Pierre, qui y fut érigée au XIe siècle, fait l'objet d'un classement partiel au titre des monuments historiques. À l'est, la croix de Suchot domine les deux autres vallons : la Seille et le Mardasson.

Lunaire vivace

FICHE TECHNIQUE

N 46.70979° / E 5.64658°	
4 h	514 m
8,5 km	Moyenne
258 m	3226 ET

DESCRIPTION DE LA RANDONNÉE

De Macornay, emprunter la D156 jusqu'à Lons-le-Saunier, puis la D471 en direction de Champagnole. Gagner ensuite Baume-les-Messieurs en empruntant la D4 puis tourner à gauche pour atteindre le centre du village où il est possible de stationner.

D/A : De la mairie, franchir le pont en contrebas et rejoindre la petite route de la vallée du Dard qui s'oriente plein sud.

1. Après 400 m environ, quitter la route vers la droite à hauteur de la chapelle Saint-Roch, franchir le Dard et remonter sur 2 km environ l'étroit sentier qui longe le ruisseau en direction du fond de la vallée (balisage double).

2. Passer devant la cascade des Tufs, puis prendre à gauche pour rejoindre la route menant au parking de la grotte.

3. Emprunter vers la gauche le sentier qui monte au belvédère par les Échelles de Crançot (balisage jaune).

4. Du belvédère, rebrousser brièvement chemin et prendre à droite pour rejoindre la petite route qui le ceinture. La suivre vers la gauche sur une centaine de mètres, puis emprunter à gauche la piste forestière principale qui s'oriente vers le nord-est.

5. Après 1 km environ, on rejoint une piste forestière plus large que l'on traverse pour suivre un sentier qui longe la falaise et offre çà et là de beaux panoramas sur le vallon de la Seille et le village.

Baume-les-Messieurs

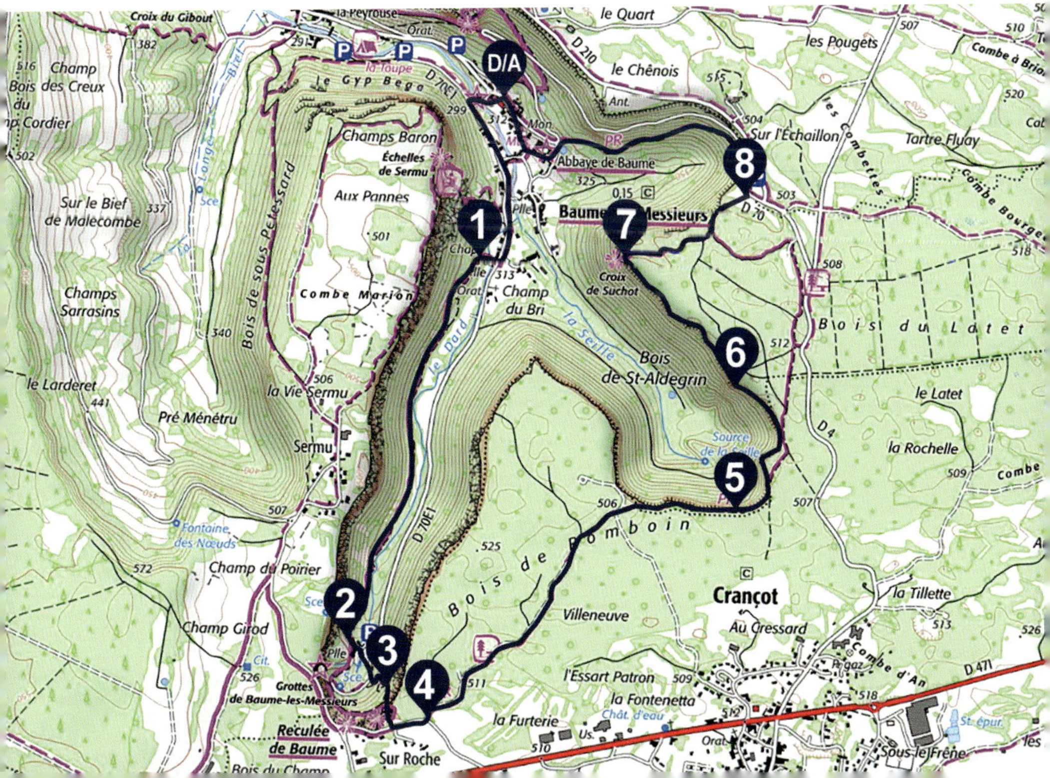

6. Peu après un cairn monumental, quitter le tracé en prenant plusieurs fois à gauche pour gagner un sentier balcon, exposé par endroits, qui longe la falaise sur plus de 500 m.

7. Rejoindre la croix de Suchot et suivre ensuite la piste qui s'oriente vers l'est en direction de l'Abbaye de Baume.

8. Après quelques bifurcations à gauche puis à droite, elle rejoint une départementale que l'on suit brièvement vers la gauche. Descendre alors, de nouveau vers la gauche (balisage jaune), le sentier qui rejoint le centre du village à proximité de l'Abbaye, d'où l'on regagne le point de départ.

POINTS DE PASSAGE

D/A : km 0 – alt. 314 m – Baume-les-Messieurs
1 : km 0,8 – alt. 315 m – Chapelle Saint-Roch
2 : km 2,6 – alt. 377 m – Cascade des Tufs
3 : km 3,1 – alt. 500 m – Échelles de Crançot
4 : km 3,4 – alt. 505 m – Piste forestière
5 : km 5,3 – alt. 501 m – Panoramas
6 : km 6,0 – alt. 506 m – Sentier balcon
7 : km 6,7 – alt. 510 m – Croix de Suchot
8 : km 7,3 – alt. 497 m – Départementale

La croix de Suchot dominant la reculée de Baume-les-Messieurs

15

Rechercher le parfait équilibre entre amertume et arômes, c'est ce qu'évoque à merveille le nom de la brasserie. Pendant une quinzaine d'années, près de 2000 litres produits annuellement en amateur pour la famille et les amis ont permis à Cyril de parfaire les saveurs. Autodidacte revendiqué et véritable homme-orchestre, il n'élabore que des bières qu'il aime, considérant que le premier client, c'est lui-même. La brasserie naît en 2019 et dès 2020 se voit primée du Fourquet d'argent pour son ambrée Red IPA. Et en 2021 et 2022, c'est la bière blanche qui reçoit le Fourquet d'or. Les malts sont belges et les houblons français (Barbe Rouge) et américains (Citra, Idaho 7…). La brasserie recourt aussi depuis peu à du houblon produit localement. Les bières sont conditionnées en 75 cl et, jamais à court d'idées, Cyril a conçu un porte-bouteilles fabriqué en bois naturel par un artisan local. Durant l'été, la brasserie organise chaque samedi un brassin public avec ouverture de l'atelier et dégustation gratuite.

CONTACT

Brasserie Hoptimalt
19 rue de la Gare
39130 Clairvaux-les-Lacs
06 62 40 05 79
brasserie-hoptimalt@sfr.fr

INFOS PRATIQUES

Ouvert jeudi et samedi 9h-12h et 15h-19h (mai à septembre)
Dimanche 10h-12h (mai à septembre)
Ouvert vendredi et samedi 9h-12h et 15h-18h (octobre à avril)
Dimanche 10h-12h (décembre)

UNE BIÈRE APRÈS LA RANDO ?

La Red IPA, Ale

ALC MODÉRÉE AMBRÉE FRUITÉE

Bien équilibrée et offrant une bonne longueur en bouche, cette bière de fermentation haute à la robe cuivrée exhale des arômes houblonnés de fruits exotiques, qui s'ajoutent aux saveurs gourmandes du malt caramel.

QUE FAUT-IL ABSOLUMENT RAMENER DE LA BRASSERIE ?

… **Aux adeptes du partage équitable :** *La Fifty-fifty* – 5 % APV. À cette bière légère, fruitée et peu amère, confectionnée à base de blé et d'orge en mêmes proportions et à la mousse généreuse, la coriandre et les écorces de citron confèrent des notes épicées et acidulées.

… **À ceux qui refusent tout stress :** *La Tranquille* – 5,5 % APV. Avec du corps et des arômes de fruits exotiques (fruit de la passion, mangue, litchi…), cette bière blonde fut primée en 2016 alors que l'activité de la brasserie se pratiquait encore en amateur !

LES CASCADES DU HÉRISSON, PAR LE SAUT GIRARD

Parties intégrantes d'une vallée classée du Haut-Jura, les cascades du Hérisson, dont la plus haute atteint 65 m, représentent un site touristique très prisé. Elles sont alimentées par la rivière éponyme, exutoire du lac de Bonlieu. Un tracé aménagé à l'itinéraire évident permet d'admirer les diverses chutes d'eau, idéalement après un épisode pluvieux, avant un retour par une boucle parcourant les bois et les champs.

FICHE TECHNIQUE

N 46.60919° / E 5.88222°

4 h	821 m
8,9 km	Facile
260 m	3326 ET

Gesse printanière

DESCRIPTION DE LA RANDONNÉE

De Clairvaux-les-Lacs, emprunter la D678 jusqu'à Bonlieu puis, 3 km plus loin, prendre à gauche la D75 qui remonte vers le nord. Stationner sur le parking à gauche de la route 500 m environ après le carrefour.

D/A : Du parking, emprunter la piste forestière qui s'oriente vers le nord.

1. Après 200 m environ, elle permet d'atteindre la première cascade, le saut Girard.

2. Poursuivre la descente sur la piste en rive gauche du ruisseau (balisage blanc/rouge). Elle s'oriente progressivement vers l'ouest et rejoint le moulin Jeunet.

3. Le tracé rejoint ensuite la route forestière des cascades à proximité du saut de la Forge.

4. Après une bifurcation, d'où il est possible de gagner vers le nord le belvédère

Le Hérisson

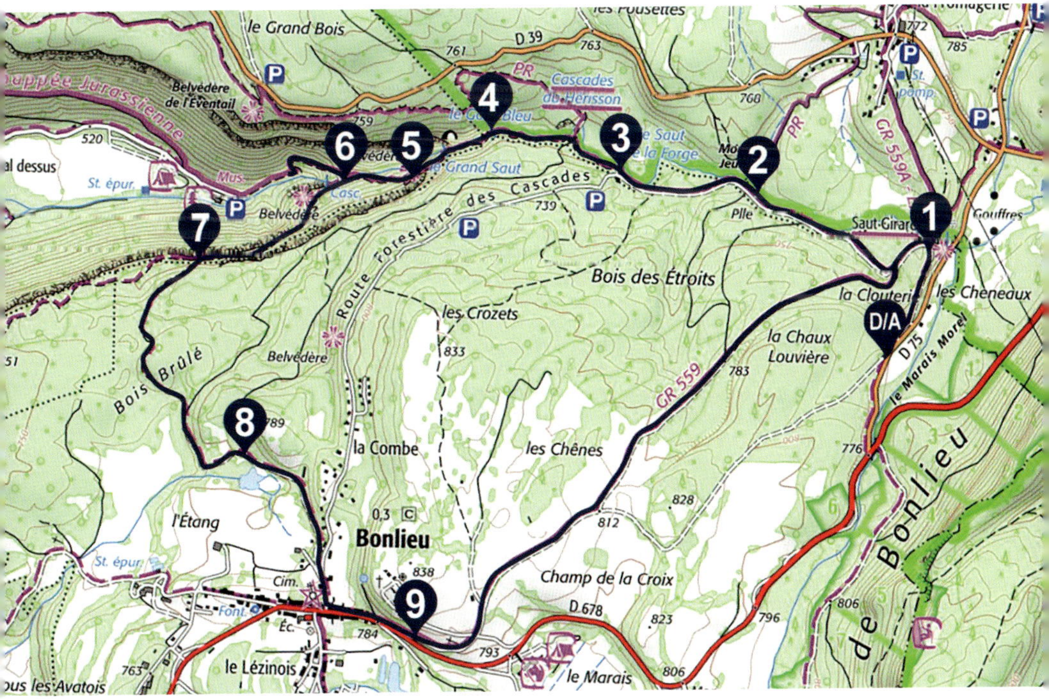
le Grand Bois
D 39
Belvédère de l'Éventail
Cascades du Hérisson
le Saut de la Forge
le Grand Saut
Route Forestière des Cascades
Bois des Étroits
Saut Girard
Gouffres
la Clouterie
les Cheneaux
la Chaux Louvière
GR 559
GR 559A
D 75
le Marais Morel
les Crozets
Belvédère
Bois Brûlé
la Combe
les Chênes
l'Étang
Bonlieu
Champ de la Croix
D 678
le Lézinois
le Marais
sous les Avatois
de Bonlieu
St. épur.
Fonl.
Cim.
D/A

de l'Éventail, poursuivre la descente pour atteindre le Gour bleu.

5. Continuer la descente vers l'ouest pour rejoindre un belvédère donnant sur le Grand Saut.

6. À la bifurcation suivante, traverser le Hérisson en empruntant la passerelle Sarrazine pour gagner un belvédère dominant l'Éventail, puis entamer brièvement la descente menant à la maison des Cascades pour gagner le pied de la chute d'eau.

Cascade de l'Éventail

7. Rebrousser chemin en remontant vers le belvédère, traverser le Hérisson en sens inverse et emprunter, immédiatement après la passerelle, le sentier qui monte vers la droite. À la bifurcation suivante qui donne accès à un nouveau belvédère, poursuivre la montée vers la gauche, puis prendre de nouveau à gauche à Bois Brûlé en direction de Bonlieu.

8. Après un court passage rocheux, poursuivre vers la droite puis à gauche sur le sentier en forêt qui s'oriente vers le sud (balisage jaune). Il se prolonge par une large piste, passe à proximité d'un étang, puis d'une fontaine, rejoint la route des Cascades puis la D678.

9. Suivre brièvement la départementale vers la gauche et la quitter après les dernières maisons pour remonter de nouveau à gauche une route qu'emprunte le GR559 (balisage blanc/rouge). Traverser un carrefour et suivre ensuite à droite la piste qui s'oriente vers le nord-est parmi les prés, puis tourner à gauche après 1 km environ. La piste pénètre ensuite dans les bois avant de rejoindre celle empruntée initialement à proximité du saut Girard. Regagner alors le parking en remontant vers la droite.

POINTS DE PASSAGE

D/A: km 0 – alt. 765 m – Parking
1: km 0,3 – alt. 737 m – Saut Girard
2: km 1,1 – alt. 720 m – Moulin Jeunet
3: km 4,1 – alt. 710 m – Saut de la Forge
4: km 2,1 – alt. 691 m – Gour bleu
5: km 2,3 – alt. 670 m – Grand Saut
6: km 3,1 – alt. 565 m – Éventail
7: km 4,0 – alt. 705 m – Bois Brûlé
8: km 5,1 – alt. 754 m – Étang
9: km 6,1 – alt. 790 m – GR559

16

L'Origine du Monde ou comment Nadine et Philippe, tous deux de formation artistique, ont tenu à rendre un hommage appuyé à Gustave Courbet, né voici deux siècles à Ornans dans la vallée de la Loue. Après une rencontre chez un brasseur au Québec, ils créent leur propre brasserie en 2016, Philippe ayant déjà à son actif près de 10 années de pratique en amateur. Entre l'intérêt du travail manuel, le goût de créer, l'envie d'indépendance et de reconversion, les objectifs qui les animent sont multiples. Ils proposent une gamme étendue de bières, élaborées à partir d'orge franc-comtois et de houblons de provenances diverses, certaines sont même mûries en barrique. Neuf d'entre elles sont certifiées bio. Produites dans de nouvelles installations inaugurées en 2022, les bières sont conditionnées en bouteilles de 33 cl et 75 cl, en fûts ou, plus récemment, en canettes. Chaque mercredi, la brasserie propose des paniers de légumes bio cultivés par un maraîcher de la région.

CONTACT

L'Origine du Monde
10 chemin des Alamans
39270 Orgelet
06 73 70 02 66
lorigine.dumonde@laposte.net

INFOS PRATIQUES

Ouvert mercredi et vendredi 16h-19h
Jeudi 16h-19h durant l'été

UNE BIÈRE APRÈS LA RANDO ?

La Session IPA Mosaïc, Ale

ALC LÉGÈRE BLONDE FRUITÉE

Bière blonde aromatique aux notes de fruits tropicaux élaborée à partir de houblon Mosaïc. Légère, à l'amertume modérée et peu alcoolisée, elle se révèle désaltérante.

QUE FAUT-IL ABSOLUMENT RAMENER DE LA BRASSERIE ?

... **Aux écolos dans l'âme:** *La Blonde* – 5,3 % APV. Certifiée bio, son goût provient d'une alliance du houblon alsacien et du style American Pale Ale. Elle exhale de belles notes florales et de miel.

... **Aux carencés en vitamine C:** *La Triple F* – 9,4 % APV. Bière de dégustation forte, aux ajouts de framboises en macération, vieillie en barrique de cognac, elle est conditionnée en bouteilles champenoises de 37,5 cl.

LE BELVÉDÈRE DES CHAMPS PALARDS, DEPUIS LE REGARDOIR

Le lac de Vouglans représente la 3e plus grande retenue artificielle de France avec une superficie avoisinant les 16 ha. Diverses activités y sont pratiquées comme la baignade, la pêche, la voile et la plongée. Le lac est entouré de nombreux chemins de randonnées qui offrent autant de points de vue sur ses multiples méandres.

FICHE TECHNIQUE

N 46.44538° / E 5.70859°

5 h	633 m
12,5 km	Moyenne
283 m	3327 OT

DESCRIPTION DE LA RANDONNÉE

D'Orgelet, emprunter la D470 en direction de Moirans-en-Montagne et stationner au parking du Regardoir à hauteur du premier rond-point.

D/A : Du parking, emprunter la piste qui s'oriente vers le sud parallèlement à la départementale.

1. Laisser à droite le sentier qui mène à la Via Ferrata et, après 200 m environ, quitter la piste vers la droite en direction de Champ Piernet (balisage jaune). Prendre ensuite à gauche en s'orientant vers le sud et gagner la crête qui offre une première vue dégagée sur le lac. Ensuite, prendre à droite à hauteur d'un enclos et poursuivre jusqu'à Champ Piernet.

2. Prendre alors à droite en direction de Grange Marleille en empruntant temporairement le tracé du GR9 (balisage blanc/rouge). Le sentier bifurque vers l'ouest à l'approche de la ferme et rejoint une route forestière en contrebas. La suivre vers la gauche durant 50 m environ et prendre alors vers la droite puis immédiatement à gauche.

3. Franchir une passerelle qui enjambe le Bief du Murgin et poursuivre vers le sud. À la bifurcation suivante, 200 m environ avant Grange de Bye, prendre à gauche pour rejoindre de nouveau une route. La suivre vers la droite puis, à la fourche située 100 m plus loin, emprunter à gauche la route forestière du Pré du Puits.

4. Elle amorce progressivement une boucle vers le sud et rejoint, après 1,5 km environ, une table à pique-nique à gauche, puis 50 m plus loin, le carrefour menant au belvédère. Quitter alors la route et s'engager sur la piste vers la droite (balisage jaune).

5. Après 100 m environ, prendre à gauche au carrefour de pistes, puis à droite à deux reprises. Le sentier remonte vers le nord et, après un cours passage rocheux, rejoint le belvédère des Champs Palards.

6. Poursuivre sur le sentier qui bifurque alors vers le sud-est et serpente en forêt.

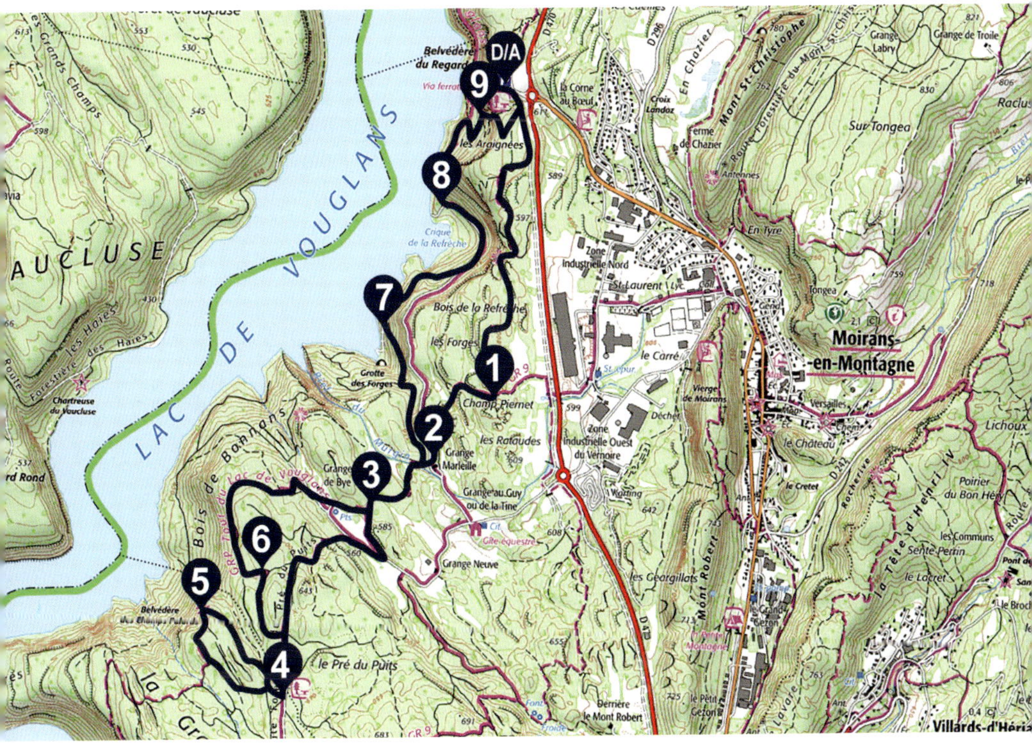

Prendre ensuite à droite, puis à gauche pour rejoindre le carrefour de la route forestière du Pré du Puits. La remonter vers la gauche sur 300 m environ et la quitter de nouveau vers la gauche pour emprunter le sentier qui mène à En Bye par le GRP Tour du Lac de Vouglans (balisage jaune/rouge). Prendre à gauche à la bifurcation suivante. Le sentier amorce alors progressivement une boucle vers l'est. Prendre ensuite de nouveau à gauche pour rejoindre une piste à l'approche de Grange d'En Bye.

7. Prendre à droite sur la piste pour contourner la ferme, puis à gauche sur la route, et la quitter rapidement en empruntant un sentier sur la droite. Au prochain carrefour, suivre vers la gauche le sentier emprunté précédemment depuis Grange Marleille. Franchir la passerelle sur le Bief du Murgin, prendre à gauche au carrefour de piste, puis immédiatement à droite. Prendre ensuite à droite à deux reprises sur un sentier qui descend progressivement et rejoint une piste forestière à proximité de la crique des Forges. Des abords du lac, il est possible de gagner rapidement la grotte des Forges par un étroit sentier qui remonte sur la gauche.

8. De la grotte, rebrousser chemin et poursuivre sur la piste vers le nord. Prendre à gauche au carrefour suivant pour gagner la crique de la Refraiche. Avant de rejoindre les rives du lac, quitter la route et emprunter un sentier qui remonte sur la droite.

Ail caréné

9. Le quitter ensuite de nouveau vers la droite et remonter en zigzag en direction de l'accès à la Via Ferrata. Poursuivre la montée vers la droite pour gagner, après un passage câblé, un nouveau belvédère. Suivre ensuite le sentier principal pour regagner la piste à proximité du parking.

POINTS DE PASSAGE

D/A : km 0 – alt. 608 m – Parking du Regardoir
1 : km 2,0 – alt. 597 m – Champ Piernet
2 : km 2,7 – alt. 560 m – Grange Marleille
3 : km 3,3 – alt. 564 m – Carrefour près de Grange de Bye
4 : km 4,9 – alt. 625 m – Carrefour du belvédère
5 : km 5,7 – alt. 614 m – Belvédère de Champs Palards
6 : km 6,8 – alt. 622 m – GRP Tour du Lac de Vouglans
7 : km 10,1 – alt. 441 m – Crique des Forges
8 : km 11,1 – alt. 445 m – Crique de la Refraiche
9 : km 12,1 – alt. 585 m – Belvédère

Lac de Vouglans depuis Champs Palards

17

Bon sang ne saurait mentir. De parents et grands-parents restaurateurs et fromagers, l'amour de Cyril pour les levures lui permet de passer avec aisance de la prune à l'orge sans oublier le raisin. Alambic et autre fermenteur n'ont en effet aucun secret pour lui. Après une formation viticole, il part travailler dans les vignes aux quatre coins du globe avant de revenir exercer dans le Var. Jurassien pur jus, il s'installe finalement dans son massif de cœur pour travailler dans le commerce du bois, sa seconde passion. Cyril mûrit alors son projet brassicole commencé plusieurs années auparavant avant de faire l'acquisition en 2022 de la brasserie Les 3 épis installée depuis 2007 dans un ancien abattoir. Son intérêt se porte sur les bières maltées et peu houblonnées élaborées à partir de produits majoritairement régionaux. Sa gamme de bières est certifiée bio et on peut se la procurer en recourant à la monnaie locale, la Pive. Les bouteilles de 33 et 75 cl sont recyclées en s'appuyant sur la filière également locale « J'aime mes bouteilles ».

CONTACT

Brasserie Les 3 épis
3 chemin de l'Ancien Abattoir
39270 Orgelet
06 07 97 44 20
brasserietroisepis@hotmail.com

UNE BIÈRE APRÈS LA RANDO ?

La Vouivre, Saison

ALC LÉGÈRE BLONDE MALTÉE

Il s'agit résolument d'une bière de soif, légère et désaltérante. De style Saison, l'emploi de blé cru lui confère une saveur acidulée. Le nom de cette bière fermière évoque un animal légendaire aux allures de serpent ailé et dont le front est orné d'une pierre précieuse. Bigre !

INFOS PRATIQUES

Ouvert mercredi, jeudi et vendredi 14h-18h30 (de septembre à juin)
Visite sur rendez-vous et du lundi au samedi 10h30, 15h et 18h (en juillet et août)

QUE FAUT-IL ABSOLUMENT RAMENER DE LA BRASSERIE ?

... **À nos amis lorrains, mais pas que ! :** *La 1h11* – 6,5 % APV. Bière fruitée, acidulée, ronde et très peu houblonnée, elle offre de belles notes de mirabelle en fin de bouche. Élaborée à l'occasion d'un évènement familial, elle a maintenant définitivement intégré la gamme des bières.

... **Aux prénommées Mylène :** *La Bière Ambrée* – 5,9 % APV. Un grand classique aux arômes délicatement torréfiés. Élaborée à partir de divers malts, modérément forte, elle ravira les palais en des occasions variées.

LES BELVÉDÈRES DU LAC DE CHALAIN, PAR LE LAC DE CHAMBLY

Les lacs de Chalain et de Chambly sont deux lacs glaciaires distants de 2 km environ. D'une superficie de près de 250 ha et logé dans une reculée orientée d'est en ouest, le lac de Chalain abrite les vestiges d'une cité lacustre remontant au Néolithique et classée aux monuments historiques. Il est flanqué de part et d'autre par des falaises qui offrent de nombreux points de vue sur le plan d'eau et ses rives accueillent plusieurs bases de loisirs permettant diverses activités nautiques. En aval des cascades du Hérisson, orienté du nord au sud et d'une superficie nettement plus réduite, le lac privé de Chambly présente un caractère plus sauvage avec ses zones marécageuses.

Prénanthe pourpre

FICHE TECHNIQUE

N 46.65469° / E 5.77882°	
5 h	626 m
13,5 km	Moyenne
222 m	3326 ET

DESCRIPTION DE LA RANDONNÉE

D'Orgelet, emprunter sur 3 km la D470 en direction du lac de Vouglans, puis la D49 jusqu'à Pont-de-Poitte, et ensuite la D27 jusqu'à Doucier. Stationner sur le parking situé à l'intersection avec la route des Cascades.

D/A : Du parking, emprunter la route des Cascades qui s'oriente vers le sud-est.

1. Après 200 m environ, prendre à droite la D326 en direction de Chambly puis, de nouveau après 200 m, s'engager à droite sur la piste qui traverse des prairies. Franchir le pont qui enjambe le Hérisson et poursuivre vers le sud sur un étroit sentier.

2. Rejoindre une large piste à l'entrée du bois, prendre à gauche et suivre la piste principale pendant 3 km environ (balisage jaune). Elle longe le lac de Chambly que l'on aperçoit par endroits en contrebas.

3. Rejoindre le hameau de Chambly, traverser le pont et poursuivre vers la gauche pour gagner la départementale. Traverser la route, prendre brièvement vers la gauche et s'engager à droite sur le sentier qui monte en forêt.

4. Prendre successivement à droite et à gauche à plusieurs reprises (balisage jaune) jusqu'au carrefour de pistes à la jonction du GR559. Suivre alors la piste vers le nord en direction de Songeson.

5. À la bifurcation suivante, poursuivre vers la gauche sur la piste jusqu'à un carrefour en T à l'approche de Songeson. Prendre alors à gauche en direction de Doucier. La piste s'oriente vers le nord-ouest pendant 1 km environ, puis tourne à angle droit vers la droite à deux reprises avant de rejoindre la départementale.

6. Suivre la route vers la gauche pendant environ 200 m puis celle vers la droite en direction de Fontenu. Après 300 m environ, dépasser une voie privée et s'engager sur la piste suivante vers la gauche.

Elle traverse des prairies, tourne à gauche puis à droite, pénètre dans le bois en s'orientant vers le nord-est et rejoint le sentier balcon du lac de Chalain à proximité du belvédère de la Fratte, accessible vers la droite en un bref aller-retour.

7. Poursuivre vers l'ouest pendant 1,5 km en suivant le sentier balcon qui domine le lac (balisage jaune). Il serpente en forêt, offre plusieurs points de vue et rejoint le belvédère sur la Roche à son extrémité ouest.

8. Entamer alors la descente, prendre ensuite à droite puis, à la bifurcation suivante à l'approche d'une piste, s'engager sur l'étroit sentier qui descend de nouveau vers la droite. Au carrefour de la Place à Bois, prendre à gauche vers Doucier pour gagner une aire de parking à l'extrémité d'une piste.

9. Suivre celle-ci vers le sud. À la bifurcation suivante, d'où il est possible de gagner en aller-retour le belvédère de Doucier, descendre à droite en direction de la route menant au lac de Chalain. Emprunter alors immédiatement à gauche la piste menant à Doucier pour rejoindre le point de départ.

POINTS DE PASSAGE

D/A : km 0 – alt. 517 m – Parking
1 : km 0,8 – alt. 502 m – Pont du Hérisson
2 : km 1,2 – alt. 520 m – Piste
3 : km 4,2 – alt. 510 m – Chambly
4 : km 5,5 – alt. 625 m – GR559
5 : km 6,3 – alt. 595 m – Carrefour de Songeson
6 : km 10,0 – alt. 578 m – Sentier balcon / Belvédère de la Frate
7 : km 11,5 – alt. 583 m – Belvédère sur la Roche
8 : km 11,9 – alt. 565 m – Parking en bout de piste
9 : km 12,5 – alt. 555 m – Belvédère de Doucier

Lac de Chalain depuis le belvédère sur la Roche

18 LA BISTRAILLE

ail noir • Bière • Bistrot • Arinthod

Quand deux saisonniers, nomades par essence, se rencontrent et décident de se fixer, il en résulte un mélange éclectique rassemblant bistro, brasserie et ail noir, joliment résumé dans le nom « Bistraille ». La crise sanitaire ayant mis un frein à leurs activités, ils décident en effet de se reconvertir et créent leur entreprise en 2021. À l'origine, il y a Stéphane qui se lance dans l'activité brassicole en amateur avant de suivre une formation. Il est ensuite rejoint par Megan qui dispose d'un bagage en chimie. Depuis, ils produisent des bières équilibrées élaborées à partir de malts bio d'origine belge et de houblon d'Alsace. Elles peuvent être accompagnées au bar par des planches apéro composées de produits locaux variant au gré des saisons (fromages, charcuteries, légumes…) et agrémentées d'ail noir, à la saveur sucrée atypique et produit sur place par chauffage. Dans une ambiance musicale, l'ensemble se veut un lieu de convivialité et d'animation où des concerts en tout genre sont régulièrement organisés.

CONTACT

La Bistraille
16 rue de la Croix de Fer
39240 Arinthod
06 20 14 37 03 - 06 86 94 90 87
https://www.la-bistraille.fr
labistraille@outlook.com

INFOS PRATIQUES

Ouvert jeudi et samedi 17h-22h (21h l'hiver)

UNE BIÈRE APRÈS LA RANDO ?

La Brewss moi dans le sens du poil, Amber Ale

5,8 %

ALC | LÉGÈRE | AMBRÉE | MALTÉE

Bière généreusement houblonnée et peu amère, aux notes florales et à la robe rousse aux reflets acajou, son caractère rafraîchissant vous la fera apprécier tant lors de chaudes soirées d'été que l'hiver au coin du feu.

QUE FAUT-IL ABSOLUMENT RAMENER DE LA BRASSERIE ?

... **À ceux qui finissent toujours par rebondir :** *La Revanche* – 10,1 % APV. Bière triple de caractère au goût malté, à la robe cuivrée et à la mousse généreuse, elle offre de belles notes épicées qui exalteront les palais.

... **À la mémoire de nos chers disparus :** *La Rest in Peat* – 6,3 % APV. Bière auburn, ronde, brassée à partir d'un malt fumé à la tourbe et au goût prononcé à l'instar de certains whiskies écossais.

LE PIC D'OLIFERNE, PAR LE MOLARD DE LA JUSTICE

Le château d'Oliferne, empreint de légendes, fut construit au XIIIe siècle sur le pic éponyme et brûlé à la fin du XVIe siècle. Il domine de plus de 500 m le lac de Coiselet et la vallée de l'Ain. Subsistent des ruines dont la restauration (travaux de maçonnerie et de menuiserie, installation de panneaux didactiques, etc.) a été entreprise en 1996 par l'Association pour le développement et l'aménagement de la petite montagne (Adapemont).

FICHE TECHNIQUE

N 46.33798° / E 5.60674°

3 h	789 m
8 km	Facile
269 m	3228 OT

DESCRIPTION DE LA RANDONNÉE

D'Arinthod, emprunter la D3 en direction de Cernon puis la D99 jusqu'à Vescles. Prendre ensuite à droite la route menant à Boutavant et stationner sur le parking au sud-ouest du village.

D/A : Du parking, emprunter la piste qui se dirige vers l'ouest.

1. À Champs Pertus, quitter la piste pour suivre vers la gauche le sentier qui grimpe entre bois et prairies. Il rejoint la crête que l'on suit vers le sud pendant 1,5 km environ en franchissant plusieurs portiques (balisage jaune).

2. Le sentier descend ensuite vers la gauche et rejoint une piste que l'on suit vers la droite jusqu'au bois des Marguerites.

3. Emprunter alors le sentier qui monte vers la gauche et rejoint un carrefour des pistes.

Crapaudine à feuilles d'hysope

Ruines du château d'Oliferne

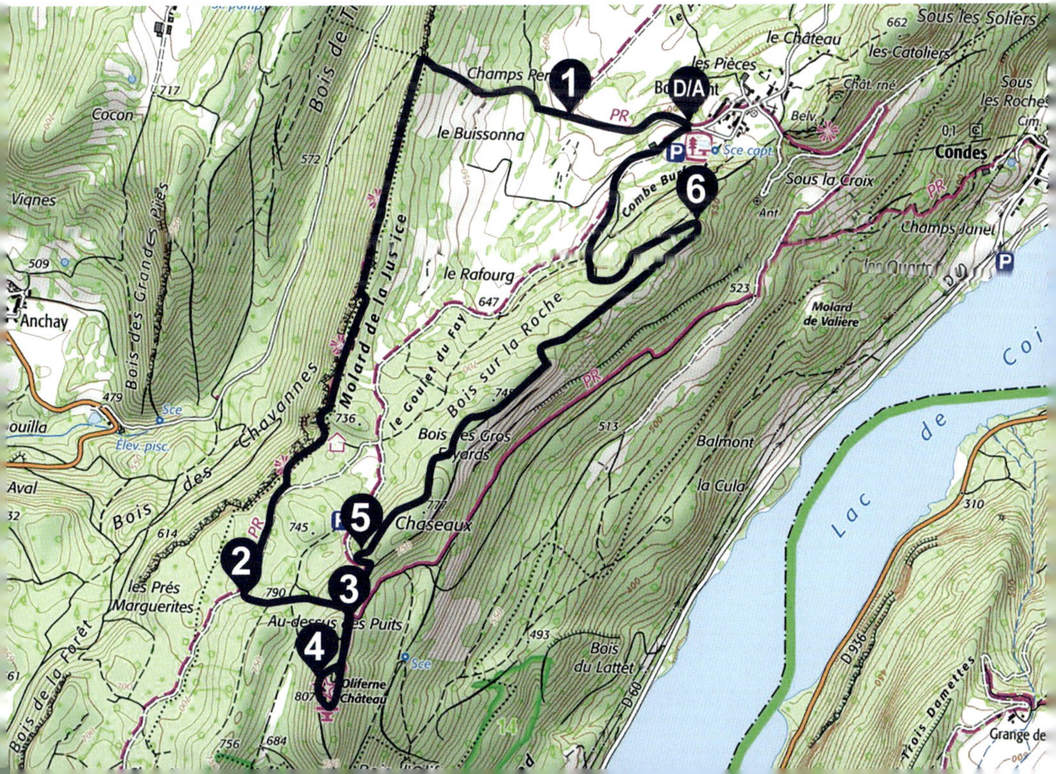

4. Remonter vers la droite pour rejoindre le site du château d'Oliferne, dont on peut faire le tour par un sentier aménagé.

5. Rebrousser chemin jusqu'au carrefour de pistes et poursuivre tout droit vers le nord pendant 200 m environ. Après un tournant à 90° vers la gauche, s'engager sur le sentier à droite qui se dirige vers les crêtes (balisage jaune).

6. Il s'oriente globalement vers le nord-est, offre à de nombreuses reprises un panorama étendu sur le lac de Coiselet et les

sommets voisins, amorce ensuite une boucle vers le sud-ouest après un court passage câblé. Poursuivre la descente en forêt, tourner plusieurs fois à droite puis une dernière fois à gauche pour rejoindre la route d'accès au château à proximité du parking que l'on rejoint vers la droite.

POINTS DE PASSAGE

D/A : km 0 – alt. 614 m – Parking
1 : km 0,5 – alt. 595 m – Champs Pertus
2 : km 3,4 – alt. 715 m – Bois des Marguerites
3 : km 4,8 – alt. 745 m – Carrefour des pistes
4 : km 4,3 – alt. 785 m – Château d'Oliferne
5 : km 5,0 – alt. 742 m – Sentier des crêtes
6 : km 6,9 – alt. 665 m – Passage câblé

Lac de Coiselet sur fond de pic d'Oliferne

19

À l'instar des combes jurassiennes, les chutes d'eau, spectaculaires ou plus modestes, contribuent grandement à forger l'image du massif du Jura. Il n'en fallait pas plus pour que Guillaume s'en inspire lorsqu'il porta sa brasserie sur les fonts baptismaux. Personnalité forte au gabarit athlétique, il se forme à l'agro-alimentaire par un master effectué en alternance dans de grands groupes industriels, avec un accent tant sur la production que sur la qualité. En parallèle, il pratique en amateur l'activité brassicole dont il apprécie l'étendue de la palette organoleptique, avant de créer son entreprise en 2021. La brasserie propose une gamme de bières élaborées à partir de malts d'orge, de blé et d'avoine issus de l'agriculture biologique et de houblons de provenances diverses. De la sorte, l'assortiment s'étend de la blonde aux notes d'agrumes et d'épices à l'IPA aux saveurs de houblons prononcées et à l'amertume puissante. Toutes subissent une maturation sur lie et une refermentation en bouteille.

CONTACT

Brasserie La Cascade
4 bis rue de l'Industrie, La Doye
39220 Les Rousses
07 56 85 35 88
https://www.brasserielacascade.com
contact@brasserielacascade.com

UNE BIÈRE APRÈS LA RANDO ?

La Bière Framboise, Fruit Ale

ALC DOUCE AMBRÉE FRUITÉE

Fruitée sans être sucrée, cette bière douce est marquée par l'acidité de la framboise qui lui confère une belle robe de couleur rubis. Elle se marie parfaitement avec le Morbier, dont la douceur en atténuera l'acidité pour mieux en révéler les arômes.

QUE FAUT-IL ABSOLUMENT RAMENER DE LA BRASSERIE ?

... **À tous les soiffards :** *La Bière de Soif* – 4 % APV. Peu alcoolisée et peu amère, cette bière à base de thé vert et aux notes de citron se révèle particulièrement désaltérante.

... **À ceux qui ne ratent aucun épisode d'HPI :** *La Bière Rousse* – 5 % APV. Bière ambrée, riche en malt de blé, elle allie douceur et légèreté avec une petite pointe d'amertume.

LA ROCHE BLANCHE, PAR LE FORT DU RISOUX

À plus de 1000 m d'altitude, le lac des Rousses, entouré de tourbières, est dominé par le fort du Risoux. Construit sur un promontoire à la fin du XIXe siècle avant d'être déclassé une dizaine d'années plus tard, il n'est pas accessible au public. Plus à l'ouest, le belvédère de la Roche Blanche offre un panorama étendu sur le plateau des Rousses, la vallée de Morez et les sommets du Jura suisse : le Noirmont et la Dôle. Le massif du Risoux est protégé par l'Arrêté préfectoral de protection de biotope (APPB) des forêts d'altitude du Haut-Jura qui interdit l'usage de certains sentiers du 15 décembre au 30 juin.

Campanule à feuilles de cochléaire

FICHE TECHNIQUE

N 46.50027° / E 6.07556°	
5 h	1285 m
11 km	Moyenne
332 m	3327 ET

DESCRIPTION DE LA RANDONNÉE

Des Rousses, emprunter la D29e2 (route du Lac) et stationner sur le parking à proximité de la base nautique.

D/A : Du parking, emprunter vers le sud-ouest la route venant des Rousses, puis s'engager après 100 m sur le sentier qui monte rudement à droite de la stèle.

1. Bifurquer ensuite à droite, puis gagner en un bref aller-retour la roche de Lavenna offrant un panorama sur le Noirmont et la Dôle (balisage jaune). Reprendre vers le nord-est pour rejoindre le tracé du GRP Tour de la Haute Bienne et entamer alors vers la gauche la montée vers le fort (balisage jaune/rouge).

2. Aux carrefours de pistes suivants, prendre à gauche puis à droite pour gagner le chemin d'accès au fort du Risoux.

3. Suivre ensuite la piste qui s'oriente vers le sud-ouest et la quitter rapidement à droite pour gagner la combe du Vert, la

Lac et tourbière des Rousses

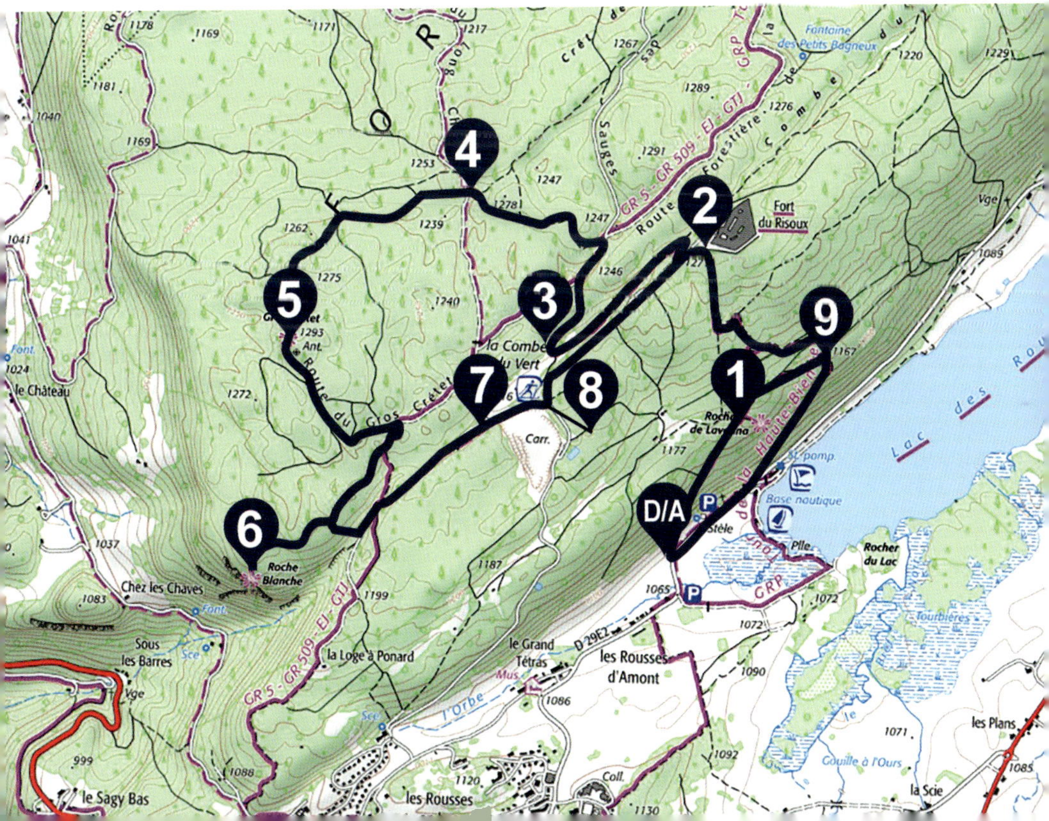

traverser jusqu'à la piste et remonter alors vers la droite pour rejoindre une route forestière.

4. Avant la bifurcation suivante entre la route du Crêt des Sauges et la route forestière de la Grande Combette aux Quilles, prendre le petit sentier qui part sur la gauche. Initialement bien marquée, la trace se perd quelque peu sous les herbes et il faut veiller à maintenir un cap sud-est/nord-ouest pour rejoindre la route forestière du Long Chemin.

5. Prendre alors à droite et immédiatement à gauche pour emprunter un étroit sentier plus fréquenté (balisage blanc/rouge). Il amorce une large boucle vers le sud, passe au pied du Gros Crêtet et se transforme en une large piste.

6. Après un tournant à 90° sur la gauche, emprunter la piste qui descend en épingle sur la droite en direction de Roche Blanche. La suivre ensuite en remontant progressivement vers la droite pour gagner le belvédère (balisage jaune).

7. Rebrousser chemin et, à la première bifurcation, poursuivre la descente vers la droite pour rejoindre la piste en contrebas et tourner à gauche. Remonter la piste jusqu'au carrefour du Lynx à proximité de la carrière.

8. Longer celle-ci vers le nord-est, se diriger vers le parking et emprunter la piste à gauche jusqu'au fort du Risoux. Entamer alors la descente en s'engageant à droite sur la trace du GRP empruntée à la montée (balisage jaune/rouge).

9. Poursuivre la descente jusqu'à la jonction menant vers la droite à la roche de Lavenna et continuer tout droit en direction du lac des Rousses (balisage jaune/rouge) pour rejoindre le point de départ.

POINTS DE PASSAGE

D/A : km 0 – alt. 1 067 m – Lac des Rousses
1 : km 0,6 – alt. 1 165 m – Roche de Lavenna
2 : km 2,1 – alt. 1 266 m – Fort du Risoux
3 : km 2,9 – alt. 1 223 m – Combe du Vert
4 : km 4,1 – alt. 1 248 m – Route forestière du Long Chemin
5 : km 5,4 – alt. 1 285 m – Gros Crêtet
6 : km 7,1 – alt. 1 220 m – Roche Blanche
7 : km 8,4 – alt. 1 225 m – Carrefour du Lynx
8 : km 8,6 - alt. 1 230 m – Parking
9 : km 10,5 – alt. 1 170 m – Jonction de Lavenna

La Dôle et le Noirmont depuis la Roche Blanche

20 BRASSERIE DES SAPIENS

L'Homo sapiens, réputé doué de raison, peut être mélomane et gastronome. Ça tombe bien car Valentin se définit comme un musicien-brasseur, doublement autodidacte. D'un côté, après avoir enseigné la musique dans le Pays de Gex, il intègre comme chanteur et guitariste plusieurs groupes musicaux, dont les Forces de l'Orge, et multiplie les concerts. De l'autre, après un emploi jeune dans le domaine du développement durable où il acquiert une sensibilité à la nature, il exerce comme brasseur au sein de Coopilote, une coopérative d'entreprises. Créée en 2019 à Lajoux, sa brasserie s'est récemment installée sur les hauteurs de Saint-Claude dans d'anciens bâtiments ayant abrité au cours du temps divers corps de métier. Les bières, aux noms qui sonnent comme des onomatopées préhistoriques, sont brassées à la main à partir de malts régionaux et de houblons variés issus de l'agriculture biologique. À la gamme des permanentes plutôt sèches (blonde, IPA…) s'ajoutent des éphémères produites au gré des humeurs.

CONTACT

Brasserie des Sapiens
20 chemin de la Combe du Marais
39200 Saint-Claude
06 95 64 43 89
brasseriedessapiens@gmail.com

INFOS PRATIQUES

Ouvert jeudi 16h – 22h durant les vacances scolaires
Visite sur rendez-vous

UNE BIÈRE APRÈS LA RANDO ?

La Zblüt, Blonde Ale

Modérément alcoolisée et désaltérante, cette bière blonde exhale des arômes floraux et fruités (agrumes, fruits tropicaux). Elle est obtenue par houblonnage à cru à l'aide de houblon Simcoe.

QUE FAUT-IL ABSOLUMENT RAMENER DE LA BRASSERIE ?

... **À celles qui ne comptent pas pour des prunes :** *La Graoumf* – 5 % APV. Bière brune de style Porter brassée l'hiver, aux notes torréfiées de café et de biscuit, elle se veut désaltérante par un savant équilibre entre caractère aqueux et saveur sucrée.

... **Aux experts du Scrabble :** *La Gneuü* – 9 % APV. Cette bière triple, forte et structurée, à la robe dorée, est produite à raison d'un brassin par an. Elle offre des notes épicées et une belle rondeur.

LE LAC DE LAMOURA, PAR LE CRÊT DE LA VIGOUREUSE

À près de 1 200 m d'altitude, le lac de Lamoura est le plus haut des lacs jurassiens. D'origine glaciaire, il s'étend sur 4,5 ha environ au pied du crêt de la Vigoureuse et de la forêt du Massacre, ainsi dénommée à la suite d'affrontements survenus entre armées française et savoyarde au XVIe siècle. Un sentier de découverte y est aménagé ainsi qu'une zone de baignade, mais la navigation est interdite afin de préserver cet espace naturel remarquable situé en zone Natura 2000.

FICHE TECHNIQUE

N 46.37849° / E 5.98448°

5 h	1 335 m
14 km	Moyenne
331 m	3327 ET

Drosera à feuilles rondes

La Pièce du Châtelain, depuis l'Échappée Jurassienne

DESCRIPTION DE LA RANDONNÉE

De Saint-Claude, emprunter D436 jusqu'à Lajoux. À la sortie du village, remonter la route forestière des Forêts Monts en direction du lieu-dit La Beaumette. Stationner sur le parking situé à gauche de la route 200 m environ avant la piste menant au chalet homonyme. L'hiver, stationner au parking de Lajoux au départ de la route forestière.

D/A : Du parking, remonter la piste qui s'oriente vers l'ouest.

1. Après 200 environ, la piste rejoint le tracé du GR9 (balisage blanc/rouge), tourne à gauche, puis pénètre en prairie. Elle contourne Lajoux par le nord pour gagner une route à hauteur de Sous-les-Champs. Prendre à droite (balisage jaune) et poursuivre ensuite vers le nord-est sur la piste qui rejoint Sur-les-Champs, puis Chez Gauton.

2. Au carrefour Sous-la-Vigoureuse situé 300 plus loin, emprunter à gauche le sentier qui monte en direction du crêt de la Vigoureuse. Du sommet, entamer la descente vers l'ouest jusqu'à la bifurcation du bois de la Vigoureuse. Prendre à droite puis à gauche à la bifurcation suivante pour rejoindre une route forestière.

3. Poursuivre la descente sur la gauche jusqu'à la départementale. Prendre à droite puis immédiatement à gauche. Descendre le sentier jusqu'au bas du vallon puis remonter jusqu'au Haut de la Girode et prendre à droite en direction du lac (balisage jaune/rouge).

4. Rejoindre la départementale, prendre à droite, puis, avant le chalet du Versoix, emprunter vers la gauche un sentier qui serpente en forêt et permet de gagner le lac de Lamoura (balisage jaune).

5. Traverser la route et suivre vers le nord-est le sentier qui contourne le lac par la gauche. Après un passage sur des caillebotis, rejoindre la rive opposée. Entamer alors la montée vers la gauche par un sentier pentu et rocailleux pour gagner Sur le Lac et son belvédère accessible vers la gauche en un bref aller-retour.

6. Emprunter ensuite la piste à gauche jusqu'aux Thoramys et prendre alors à droite pour entamer la montée en direction de Balise d'Amont, en suivant le sentier principal (balisage jaune) et en délaissant les diverses traces qui partent à gauche et à droite. Rejoindre une piste à hauteur de chalet Fournier.

7. Prendre à droite, rejoindre une route forestière et prendre de nouveau à droite jusqu'à Bois Vert. Quitter alors la route forestière et emprunter le sentier qui pénètre en prairie en suivant le tracé du GR9 (balisage blanc/rouge).

Lac de Lamoura depuis le belvédère

Caillebotis sur la tourbière de Lamoura

8. Rejoindre de nouveau la route forestière au carrefour de La Sermangindre et la quitter de nouveau vers la gauche.

9. Gagner La Pièce du Châtelain et emprunter alors la piste vers la droite pour regagner la route forestière au Petit Pré sous le gîte La Beaumette. Tourner à gauche pour regagner le parking.

POINTS DE PASSAGE

D/A : km 0 – alt. 1 225 m – Parking
1 : km 1,3 – alt. 1 179 m – Sous les Champs
2 : km 3,8 – alt. 1 335 m – Crêt de la Vigoureuse
3 : km 5,8 – alt. 1 182 m – Haut de la Girode
4 : km 7,1 – alt. 1 158 m – Lac de Lamoura
5 : km 8,1 – alt. 1 200 m – Belvédère
6 : km 10,1 – alt. 1 328 m – Chalet Fournier
7 : km 10,8 – alt. 1 270 m – Le Bois Vert
8 : km 11,9 – alt. 1 272 m – La Sermangindre
9 : km 10,8 – alt. 1 246 m – La Pièce du Châtelain

Ain

Mont-Blanc depuis la plaine du Pays de Gex

21

BRASSERIE ARTISANALE

DE GRILLY

International, c'est peut-être, étonnamment, le qualificatif qui illustre le mieux la Brasserie artisanale de Grilly. Les brasseurs pour commencer. D'un côté Frédéric, à l'origine amateur passionné et formé ensuite à l'université de La Rochelle ; de l'autre Koos, microbiologiste hollandais ayant fait ses armes dans l'hygiène et la sécurité alimentaire. Les bières ensuite. Élaborées en bonne part à l'aide de malts bio, sèches et houblonnées, elles sont baptisées à l'anglaise. Le public enfin. Tous les samedis, la brasserie organise des concerts dans son bar L'Échappée Belle, où se mêlent à la fois les gens du pays et ceux de toutes nationalités qui résident ou travaillent par-delà la frontière. Le lieu est un ancien garage transformé en 2017 et aménagé avec goût. La brasserie propose une gamme étendue et originale de bières de caractère, produites à partir de houblons de provenances diverses, certaines mûries en fûts de chêne, et labellisées bio pour six d'entre elles.

CONTACT

Brasserie artisanale de Grilly
840 route de Divonne-les-Bains
01220 Grilly
09 63 51 63 93
info@brasseriedegrilly.fr

INFOS PRATIQUES

Brasserie ouverte du lundi au vendredi 10h-18h
Bar ouvert jeudi 18h-23h et vendredi et samedi 18h-minuit

UNE BIÈRE APRÈS LA RANDO ?

La Liquid Sunshine, Pale Ale

ALC — LÉGÈRE — BLONDE — FRUITÉE

Élaborée à partir de quatre malts et très houblonnée (Citra, Nugget), cette bière de style Pale Ale à la robe dorée offre des notes prononcées d'agrumes. Légère et fruitée, conditionnée en bouteilles de 33 cl, 75 cl et en fûts de 10 et 20 litres, elle conviendra à merveille pour une fin de rando.

QUE FAUT-IL ABSOLUMENT RAMENER DE LA BRASSERIE ?

... **Aux fumeurs invétérés :** *La Smoky Bandit* – 6 % APV. Bière de style IPA à la robe cuivrée, fumée au bois de hêtre et modérément amère, son équilibre résulte d'un subtil dosage entre le côté fruité de ses houblons et son caractère fumé.

... **Aux révolutionnaires en herbe :** *La Commune* – 8 % APV. Bière blonde forte et peu amère, elle est brassée en collaboration avec la brasserie genevoise « L'Apaisée » à partir de malts d'orge, de blé et d'avoine. Cette double New England India Pale Ale fortement houblonnée est volontairement trouble, ce qui renforce ses notes de fruits tropicaux.

LE MONT MOUREX, PAR LE MONT MUSSY

Dénivelé modeste, faible distance et panorama sur le Mont-Blanc et le Léman font du mont Mourex une randonnée familiale par excellence au pied de la Haute Chaîne du Jura.

FICHE TECHNIQUE

N 46.33557° / E 6.09996°

2 h — 753 m

5,5 km — Facile

90 m — 3327 ET

DESCRIPTION DE LA RANDONNÉE

De Grilly, emprunter brièvement la D15 en direction de Divonne-les-Bains, puis tourner à gauche pour rejoindre Mourex. Prendre alors à droite en direction de Vesancy, puis immédiatement à droite la route qui aboutit au parking sud du mont Mourex.

D/A : Du parking, entrer en prairie en franchissant un portique et emprunter la piste principale qui s'oriente vers le nord-est et pénètre en forêt.

1. Laisser les divers sentiers qui partent à gauche et à droite et suivre toujours la piste principale jusqu'au Rochasson.

2. Traverser le carrefour de sentiers suivant et poursuivre vers le nord-est pour rejoindre le parcours sportif à proximité du parking nord et de la ferme de Mussy.

3. Bifurquer alors vers le sud-ouest et entamer le trajet inverse en direction du mont Mourex au travers du parcours sportif. Franchir en droite ligne plusieurs carrefours à quatre bras en suivant toujours la piste principale du mont Mussy.

4. À la fourche suivante, prendre à droite, franchir un portique et prendre immédiatement à gauche pour rejoindre le sommet du mont Mourex.

5. Traverser ensuite l'alpage sommital pour gagner la table d'orientation, puis poursuivre vers le sud-ouest pour rejoindre le parking.

Œillet des Chartreux

Sommet du Mourex sur fond de Haute Chaîne du Jura

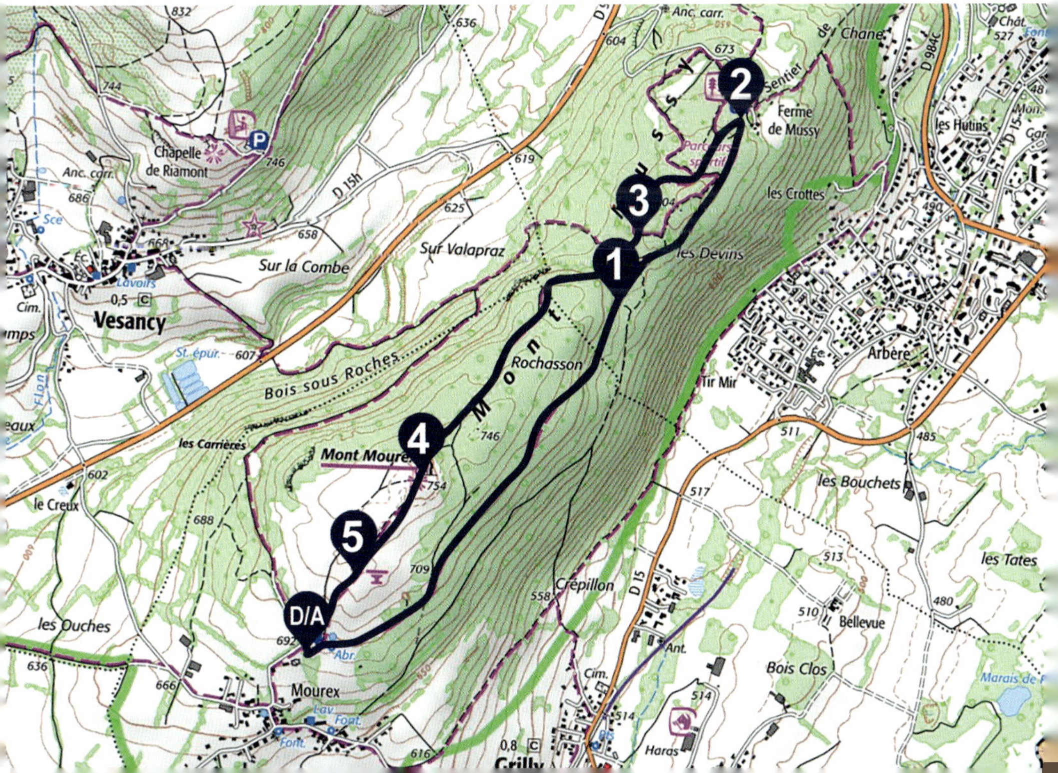

POINTS DE PASSAGE

D/A : km 0 – alt. 692 m – Parking sud

1 : km 1,9 – alt. 688 m – Rochasson

2 : km 2,8 – alt. 681 m – Parking nord

3 : km 3,6 – alt. 685 m – Mont Mussy
4 : km 4,8 – alt. 754 m – Mont Mourex
5 : km 5,2 – alt. 740 m – Table d'orientation

Pâturage du Mourex sur fond de Mont-Blanc

22 Brasserie Gessienne

Une énergie débordante et communicative, c'est ainsi que l'on pourrait le mieux qualifier Stéphanie, à l'origine de la Brasserie Gessienne. Après un doctorat en sciences, elle devient tour à tour maîtresse de conférence dans une faculté de chimie, puis intègre une société pharmaceutique avant de devenir consultante dans ce même domaine. En 2012, après quelques expériences brassicoles et forte d'une formation, elle laisse tout tomber et crée la brasserie, qui a donc récemment fêté ses 10 années d'existence. Avec la volonté de fonctionner autant que possible en circuit court, elle propose une gamme de bières produites à partir d'assemblage de malts et de houblons bio prioritairement français, et conditionnées en 33 cl et 75 cl. Au sein du bâtiment abritant la brasserie, Stéphanie et son mari Jean-Marc ont créé un espace de dégustation baptisé « Quartier Gessien » qui se veut résolument convivial, récréatif et polyculturel. La programmation y est éclectique, visant à promouvoir différents courants artistiques.

CONTACT

Brasserie Gessienne
308 rue de Perruet
01210 Ornex
04 50 40 59 89
https://www.brasseriegessienne.fr
contact@brasseriegessienne.fr

INFOS PRATIQUES

Ouvert jeudi 17h-19h (sauf soirées spéciales)
Vendredi 17h-01h
Samedi 15h-01h
Visite sur rendez-vous

UNE BIÈRE APRÈS LA RANDO ?

La Barley Wine, Ale

ALC MODÉRÉE AMBRÉE ÉPICÉE

C'est une bière forte brassée spécialement pour les 10 ans de la brasserie et qui intègre désormais la gamme des bières permanentes. Ses arômes de malts, son houblonnage soutenu et ses notes de fruits secs en raviront plus d'un.

QUE FAUT-IL ABSOLUMENT RAMENER DE LA BRASSERIE ?

… **Aux mélomanes admirateurs du « Prêtre roux »:** *L'Ambrée* – 7 % APV. Une bière triple, ronde et gourmande, à l'amertume douce, et aux notes grillées et caramélisées.

… **Aux légendaires dames homonymes:** *La Blanche* – 5,6 % APV. Bière légère issue d'un mélange équitable entre le blé et l'orge, aux délicates notes d'agrumes et d'épices. Fraîche et désaltérante.

LE CRÊT DE LA GOUTTE, DEPUIS PRÉ BOUILLET

Le Grand Crêt d'Eau correspond à un ensemble de plusieurs crêts dominant la vallée de la Valserine à l'ouest et la plaine du Léman à l'est et dont le crêt de la Goutte est le point culminant. Situé en partie dans la Réserve naturelle nationale de la Haute Chaîne du Jura, il abrite des zones de quiétude de la faune sauvage (ZQFS) qui rendent l'usage de certains sentiers interdit du 15 décembre au 30 juin.

FICHE TECHNIQUE

N 46.17659° / E 5.8814°

5 h	1 621 m
10,5 km	Moyenne
642 m	3328 OT

DESCRIPTION DE LA RANDONNÉE

D'Ornex, emprunter la D78 jusqu'à Prévessin-Moëns, puis la D35 qui contourne Saint-Genis-Pouilly, puis la D884 vers le sud-ouest jusque Farges. Traverser la rue de la République, puis remonter la route du Col du Sac jusqu'à Pré Bouillet.

Joubarbe des toits

D/A : Du refuge, emprunter la piste qui remonte vers l'ouest en forêt, puis prendre à gauche vers la combe du Petit Louis (balisage blanc/rouge).

1. Le chemin rejoint une piste que l'on traverse à trois reprises. La rejoindre de nouveau et la suivre alors brièvement vers la gauche pour la quitter vers la droite. Poursuivre la montée, la rejoindre de nouveau et la suivre cette fois vers la droite jusqu'à la combe du Petit Louis.

2. Prendre à gauche vers le crêt de la Goutte puis, au carrefour des pistes, prendre à droite en direction de la cabane du Téléphone que l'on atteint après avoir franchi le col du Sac.

3. La piste descend, amorce une épingle vers le sud et plus loin une autre vers le nord. La quitter à cet endroit et se diriger vers le sud en pénétrant ensuite dans l'alpage (balisage jaune). Prendre alors un petit sentier qui remonte vers la gauche et rejoint le chalet du Sac.

4. Du chalet, poursuivre vers le sud-ouest en contournant le crêt de l'Aiguillon. Prendre à gauche à proximité de la Pierre à fromage et poursuivre la montée vers le sud en direction du crêt de la Goutte.

5. Franchir un portique et suivre le sentier balisé jusqu'à la croix sommitale et la table d'orientation du crêt de la Goutte.

6. Entamer la descente en continuant au-delà du sommet en direction du crêt du Miroir. Avant d'atteindre un portique, s'engager à gauche sur un sentier qui bifurque vers le nord sous le crêt de la Goutte, puis rejoint l'itinéraire emprunté à la montée sous le crêt de l'Aiguillon. Poursuivre la descente jusqu'au chalet du Sac.

7. Emprunter vers la droite la piste d'accès au chalet et, après 400 m, continuer tout droit sur un étroit sentier qui rejoint la combe du Petit Louis. Suivre alors l'itinéraire emprunté à la montée pour rejoindre Pré Bouillet.

POINTS DE PASSAGE

D/A : km 0 – alt. 1 040 m – Pré Bouillet
1 : km 1,6 – alt. 1 321 m – Combe du Petit Louis
2 : km 2,0 – alt. 1 356 m – Col du Sac
3 : km 3,7 – alt. 1 380 m – Chalet du Sac
4 : km 4,5 – alt. 1 461 m – Pierre à fromage
5 : km 5,5 – alt. 1 621 m – Crêt de la Goutte
6 : km 5,8 – alt. 1 546 m – Sous le crêt de la Goutte
7 : km 7,9 – alt. 1 385 m – Vers la combe du Petit Louis

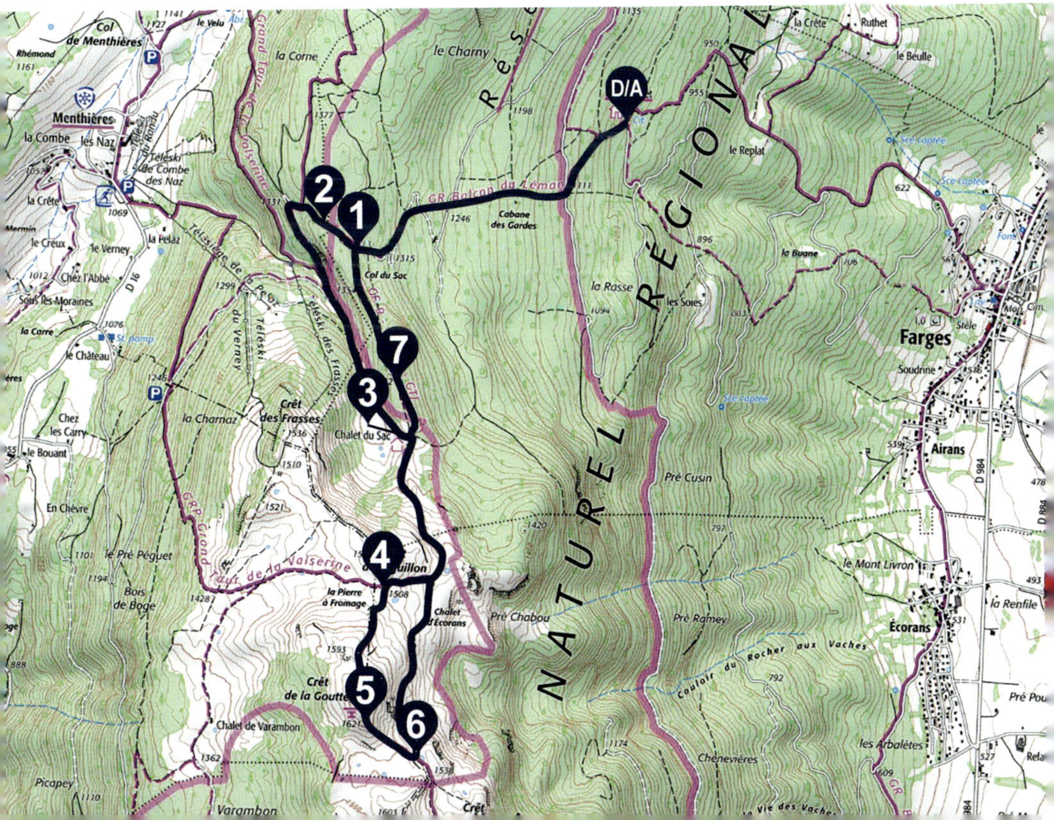

Chaîne des Alpes et crêt du Miroir depuis le crêt de la Goutte

23 BIERE YOURSELF

Initier au brassage de la bière : voici le credo de Maxime. Ainsi, après avoir exercé comme ingénieur informatique dans une grande société implantée dans le quartier de la Défense à Paris, il entreprend de suivre une formation. L'objectif est d'opérer une reconversion en transformant en métier sa passion. La brasserie voit le jour en 2018 et, plusieurs fois par semaine, s'y organisent des ateliers de brassage sur base de diverses recettes ou de dégustation de bières artisanales. En parallèle, Maxime met en vente des bières issues des quatre coins de la région Rhône-Alpes ainsi que ses propres bières de dégustation élaborées à partir de malts et de houblons issus notamment de la région. Aux six permanentes aux noms évoquant des membres de sa famille s'ajoutent quelques éphémères à l'occasion de fêtes telles que Noël ou la Saint Patrick et d'autres élaborées en concertation avec des restaurateurs locaux. Les bières sont conditionnées en bouteilles de 50 cl réutilisables, une initiative à souligner.

CONTACT

Biere Yourself
11 rue de Versoix
01210 Ferney-Voltaire
https://www.biereyourself.fr
07 61 99 84 15
info@biereyourself.fr

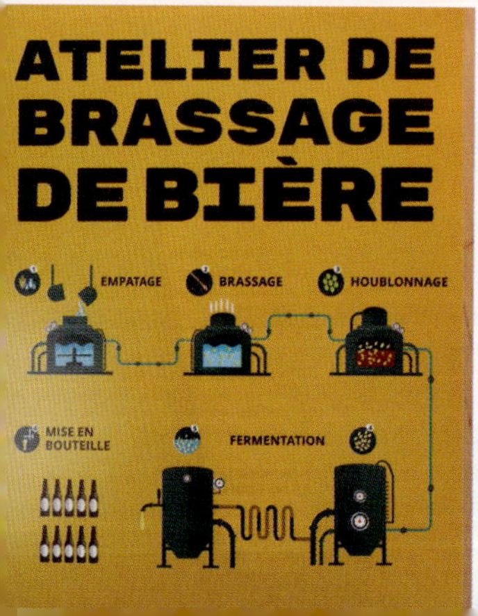

UNE BIÈRE APRÈS LA RANDO ?

L'Atomique, Brown Ale

ALC LÉGÈRE AMBRÉE MALTÉE

Contrairement à ce que son nom pourrait suggérer, il s'agit d'une bière légère à la robe ambrée. À ses saveurs maltées s'ajoutent des notes de caramel, de chocolat et de réglisse.

QUE FAUT-IL ABSOLUMENT RAMENER DE LA BRASSERIE ?

… **Aux lecteurs assidus de Gustave Flaubert :** *L'Emmademoiselle* – 5 % APV. Blonde Ale de caractère, à l'amertume légère, elle est élaborée à partir de houblons de type britannique.

… **Aux adeptes du rire franc et communicatif :** *La Zugomatic* – 6 % APV. Un peu plus alcoolisée, cette Amber Ale aux bons goûts de malt grillé et caramélisé se rapproche de la fameuse Pale Ale.

LE RECULET, DEPUIS LE TIOCAN

Bien que cédant à peine quelques mètres au crêt de la Neige, le plus haut sommet du massif du Jura qui s'élève au nord-est, le Reculet n'en est pas pour autant moins visible grâce à la croix monumentale qui orne son sommet. Il fait partie intégrante de la Réserve naturelle nationale de la Haute Chaîne du Jura, aux mêmes titres que plusieurs sommets voisins.

FICHE TECHNIQUE

N 46.248° / E 5.95793°

4 h	1718 m
7 km	Moyenne
845 m	3328 OT

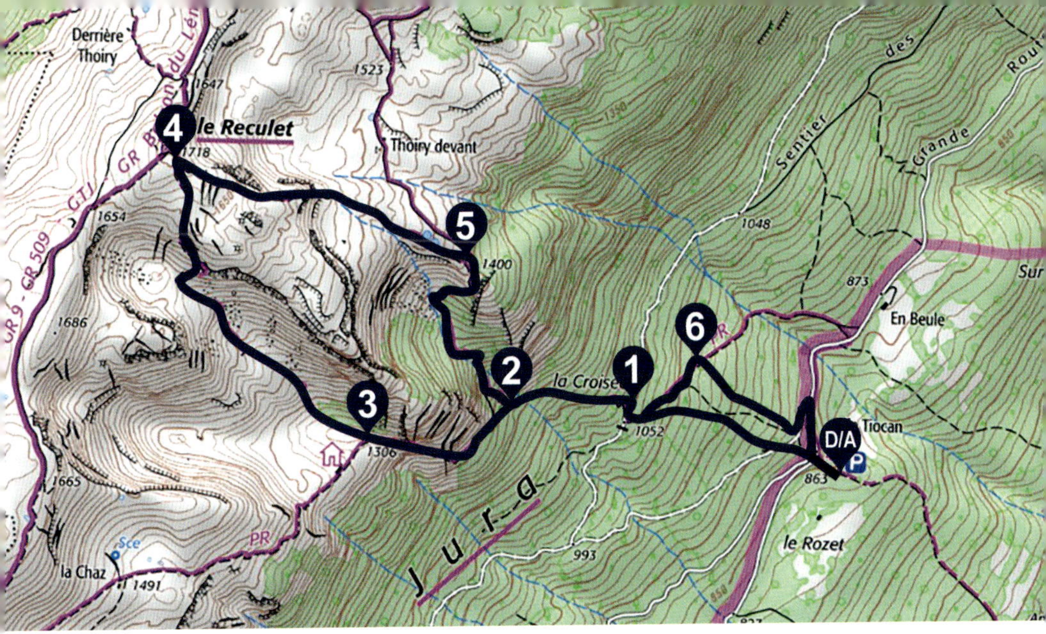

DESCRIPTION DE LA RANDONNÉE

De Fernet-Voltaire, emprunter la D35 qui contourne Saint-Genis-Pouilly, puis la D884 vers le sud-ouest jusqu'à Thoiry. Emprunter la rue de la Gare jusqu'au centre-ville, puis remonter la rue du Reculet jusqu'au Tiocan.

D/A : Du parking, emprunter la piste qui part vers le sud-ouest.

1. La quitter rapidement vers la droite pour entamer la montée en forêt, traverser une piste puis en rejoindre une autre à un carrefour de pistes.

2. Prendre vers la droite et poursuivre la montée jusqu'à La Croisée.

3. Emprunter alors vers la gauche le sentier qui monte en pente rude et rejoint Nardérans, d'où il est possible de gagner le chalet homonyme et la table d'orientation situés à 100 m sur la gauche.

4. Poursuivre la montée dans les alpages pour ensuite emprunter un sentier balcon. Il passe sous une barre rocheuse et donne accès, après quelques marches en bois, aux pentes herbeuses conduisant au sommet du Reculet.

5. Entamer la descente par le sentier qui s'oriente vers l'est face au Mont-Blanc. Il traverse les alpages puis une zone arborée et, après une pente rocailleuse plus accusée, rejoint une large piste.

6. La suivre vers la droite jusqu'à La Croisée, puis vers la gauche en suivant l'itinéraire emprunté à la montée jusqu'au carrefour de pistes.

Descendre alors à gauche, poursuivre tout droit à la bifurcation suivante, puis tourner à droite en forêt 100 m plus loin environ. Rejoindre une piste en contrebas et prendre alors à gauche puis à droite pour rejoindre le parking.

POINTS DE PASSAGE

D/A : km 0 – alt. 860 m – Parking

1 : km 0,7 – alt. 1 050 m – Carrefour de pistes

2 : km 1,3 – alt. 1 190 m – La Croisée

3 : km 1,8 – alt. 1 330 m – Narderans
4 : km 3,3 – alt. 1718 m – Reculet
5 : km 4,5 – alt. 1 406 m – Piste
6 : km 6,2 – alt. 982 m – Sentier de retour

Défilé de l'Écluse depuis le sommet du Reculet

24 Piva

L'Épicéa pousse en abondance dans les forêts jurassiennes et il n'est pas rare d'y retrouver des spécimens plusieurs fois centenaires. Au point qu'une brasserie s'en est inspirée pour lui donner son nom en arpitan, une langue romane parlée dans les pays de montagne de part et d'autre des frontières. Une pive désigne en effet le fruit des conifères. C'est donc dans une ancienne fromagerie que Djan, enfant du pays, souhaite rompre avec son activité au sein d'une firme de machines agricoles en créant son entreprise. Autodidacte, il avait auparavant brassé en amateur en cherchant l'inspiration dans des ouvrages belges et anglais. Grâce à des subventions régionales et européennes, le bâtiment est judicieusement rénové et commence à héberger en 2019 un bar-restaurant. Les outils de brasserie consistent en un subtil mélange de matériel flambant neuf et d'appareils savamment recyclés. Les malts belges et ardéchois et les houblons européens permettent d'y élaborer une riche gamme de bières.

CONTACT

Brasserie Artisanale Piva
112 route de la Fauconnière
01130 Belleydoux
09 72 23 50 52
brasseriepiva@gmail.com

INFOS PRATIQUES

Ouvert vendredi et samedi 10h-01h
Dimanche 10h-17h
Visite sur rendez-vous

UNE BIÈRE APRÈS LA RANDO ?

L'Imperial Indian Pale Ale, Ale

ALC PUISSANTE AMBRÉE MALTÉE

Fruit d'un harmonieux dosage entre divers malts (Pale, Crystal, Munich…) et houblons (Columbus, Centennial, Cascade…), cette IPA de caractère à la robe ambrée offre une amertume franche, des notes maltées et fruitées et une belle rondeur.

QUE FAUT-IL ABSOLUMENT RAMENER DE LA BRASSERIE ?

… **À ceux qui ont troqué le nomadisme contre la sédentarisation** : *La Wheat* – 4,6 % APV. Confectionnée à partir de 50 % de malts de blé, cette bière sèche et peu amère se présente sous une robe blanche limpide. Elle exhale des notes d'épices et d'agrumes par l'ajout de coriandre, de gingembre et d'écorces d'orange.

… **Aux bienfaits alimentaires des flocons d'avoine** : *L'Oat Milk Stout* – 4,7 % APV. Bière noire, légère, à la belle rondeur, sans réelle amertume par l'ajout de lactose et aux arômes de chocolat grillé par l'emploi de malts torréfiés (Black Patent, Chocolate…).

LE CRÊT DE CHALAM ET LE CRÊT AU MERLE, DEPUIS LA BORNE AU LION

À près de 1 300 m d'altitude, la Borne au Lion fut posée au début de XVIIe siècle pour marquer la frontière entre la Franche-Comté (États bourguignons) et le Bugey (Royaume de France). Elle est classée au titre des monuments historiques. De part et d'autre s'élèvent le crêt de Chalam au sud-ouest et le crêt du Merle au nord-est. Ces sommets peuvent donc être gravis séparément ou, en raison de leur dénivelé modeste, combinés au prix d'un double aller-retour.

Carline caulescente

FICHE TECHNIQUE

N 46.2665° / E 5.86914°

3 h	1 540 m
8 km	Facile
402 m	3328 OT

DESCRIPTION DE LA RANDONNÉE

De Belleydoux, emprunter la D33 puis la D124 vers le nord. Tourner ensuite à droite et suivre la D25 jusqu'à La Pesse. Emprunter alors vers la droite la route qui mène à la Borne au Lion et stationner au parking situé à son extrémité.

D/A : Du parking, emprunter la piste qui se dirige vers le sud.

1. Elle conduit après 100 m environ à la Borne au Lion.

2. Prendre alors la piste qui s'oriente vers le sud-ouest et la quitter après 200 environ pour entamer la montée vers le crêt de Chalam par un tracé globalement rectiligne.

3. Deux bifurcations successives vers la gauche conduisent, après une série de marches en bois, au sommet du crêt de Chalam.

4. Rebrousser ensuite chemin en empruntant le tracé de montée en sens inverse jusqu'à la Borne et prendre la piste qui s'oriente vers l'est à hauteur du monument en l'honneur du maquis.

5. Poursuivre jusqu'au col du Merle, quitter la piste, franchir un tourniquet et entamer la montée vers le sommet.

6. Du sommet du crêt au Merle, rebrousser chemin en empruntant le tracé de montée en sens inverse afin de regagner le parking.

POINTS DE PASSAGE

D/A : km 0 – alt. 1 284 m – Parking
1 : km 0,1 – alt. 1 289 m – Borne au Lion
2 : km 0,4 – alt. 1 290 m – Sentier de montée
3 : km 2,7 – alt. 1 540 m – Crêt de Chalam
4 : km 5,2 – alt. 1 284 m – Monument du maquis
5 : km 6,0 – alt. 1 351 m – Col du Merle
6 : km 6,5 – alt. 1 448 m – Crêt au Merle

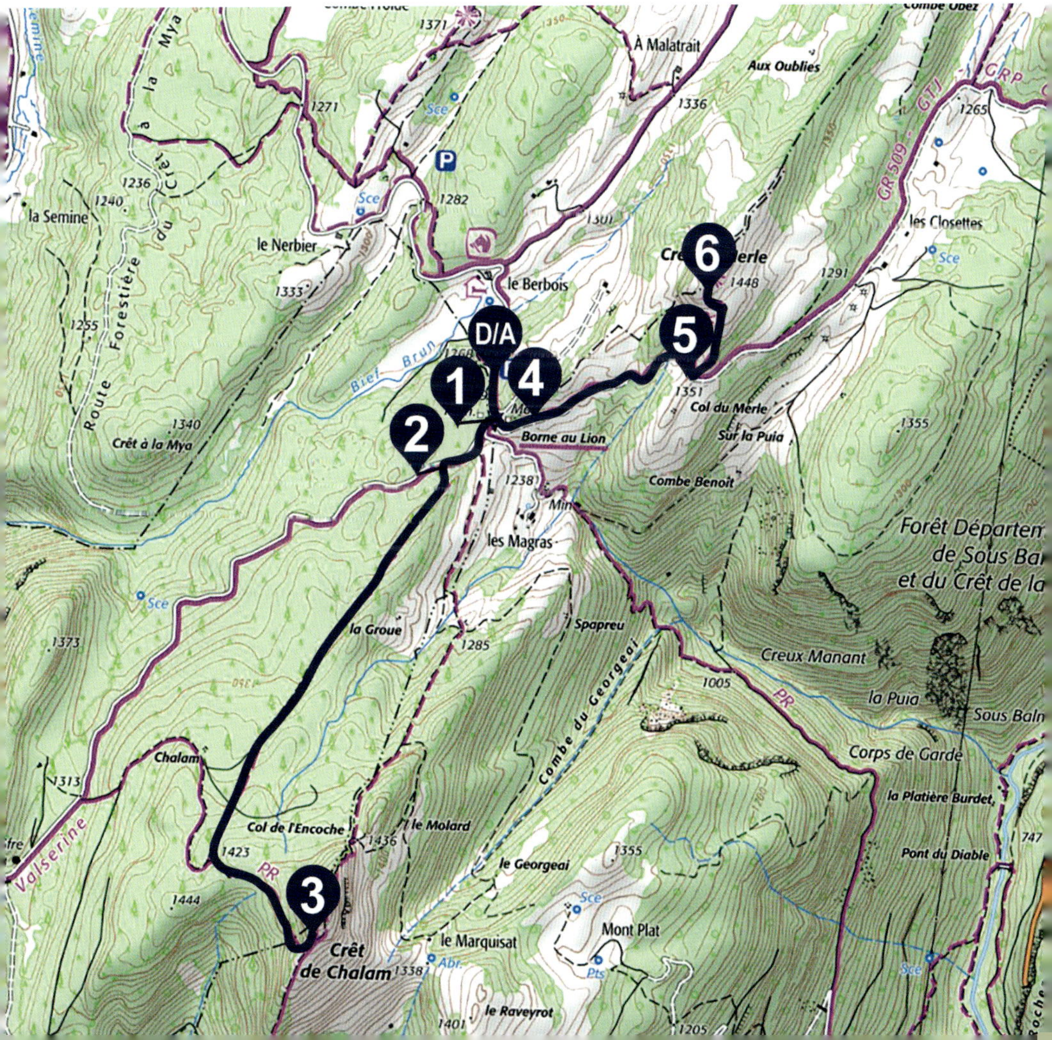

Crêt de Chalam depuis le crêt au Merle

25

La gorgée de
VALSERINE

D'une randonnée aux gorges de la Valserine à une gorgée de Valserine après l'effort, il n'y a qu'un pas, allègrement franchi par Philippe en 2019. Initialement plongé dans l'industrie chimique et ensuite dans le conseil, il lance en effet sa micro-brasserie après cinq années de brassage en amateur. Cette motivation s'inscrit en réalité dans un projet plus vaste, où se mêlent intimement un besoin de travail manuel, la création d'une entreprise, l'envie de partage et de convivialité et un cadre de vie propice à des activités diverses. Les bières de fermentation haute, savoureuses et peu alcoolisées, sont élaborées en quantité limitée à partir de purs malts belges et de houblons variés. L'eau provient de la source de la Trouillette, une exsurgence donnant naissance, au sein du cirque des Avalanches, à la Volferine, affluent de la Valserine, connue pour la qualité de ses eaux. Les bières sont conditionnées en bouteilles de 75 cl et, sur demande à l'occasion d'évènements, en fûts, puis distribuées localement.

CONTACT

La gorgée de Valserine
308 rue de la Fruitière
01410 Champfromier
06 34 54 85 93
https://lagorgeedevalserine.fr
lagorgee.devalserine@gmail.com

UNE BIÈRE APRÈS LA RANDO ?
L'IPA au gingembre, Session IPA

ALC MODÉRÉE BLONDE FRUITÉE

C'est une bière blonde rafraîchissante de style Session IPA. Elle se caractérise par une amertume qui reste raisonnable et surtout par des arômes d'agrumes apportés par les houblons Cascade et Styrian Golding et le gingembre. L'ajout en fin de brassage et lors de la fermentation permet d'en préserver toute la finesse aromatique.

QUE FAUT-IL ABSOLUMENT RAMENER DE LA BRASSERIE ?

... **Aux musiciens déchiffreurs de partition :** *La Blanche* – 5 % APV. Cette bière de style Hefeweizen est brassée avec du malt de blé et houblonnée avec les variétés nobles Saaz et Hallertau. De faible amertume, elle offre une belle mousse blanche.

... **Aux incollables des comédies musicales américaines :** *La Blonde* – 5,5 % APV. De style Saison, cette bière est brassée avec du malt d'épeautre. Elle exhale des arômes complexes et fruités sous une amertume moyenne.

25 *Randonnée – Ain*

DU CRÊT DE LA NEIGE AU GRAND MONTROND, DEPUIS LÉLEX

Il s'agit de la traversée d'une partie de la Haute Chaîne du Jura, du sud-ouest au nord-est, en franchissant quatre de ses sommets au départ du point culminant du massif, le crêt de la Neige. Ce long parcours se déroule en partie dans la Réserve naturelle nationale de la Haute Chaîne du Jura qui abrite des zones de quiétude de la faune sauvage (ZQFS). L'usage de certains sentiers est interdit du 15 décembre au 30 juin. En raison de l'éloignement entre les points de départ et d'arrivée, il nécessite l'usage de plusieurs véhicules ou des transports en commun.

FICHE TECHNIQUE

N 46.30254° / E 5.9408°

8 h — 1 720 m

22,5 km — Difficile

1 256 m — 3328 OT

DESCRIPTION DE LA RANDONNÉE

De Champfromier, emprunter la D14 puis la D991 jusqu'à Lélex. Stationner sur le grand parking le long de la D991 près de l'ESF.

Œillet de Montpellier

D : Du parking, emprunter vers le sud la piste du GR59 en direction du chalet du Ratou.

1. La quitter vers la gauche pour la rejoindre plus haut et la traverser en poursuivant vers le sud la montée en forêt. Le sentier bifurque vers le nord-est pour rejoindre le chalet du Ratou.

2. À hauteur du refuge, quitter le GR9 en partant à droite vers le sud en direction du crêt de la Neige. Traverser un pré et, après 1 km environ, prendre de nouveau à droite en direction du Brulat d'en Haut.

3. Poursuivre la montée entre forêts et alpages pour rejoindre la crête et l'itinéraire du Balcon du Léman. Tourner à gauche pour atteindre le sommet du crêt de la Neige.

4. S'ensuit une longue traversée qui s'oriente vers le nord-est et permet, en une succession de montées et de descentes, d'atteindre en premier lieu le Grand Crêt.

Sentier de crête en direction du Grand Montrond

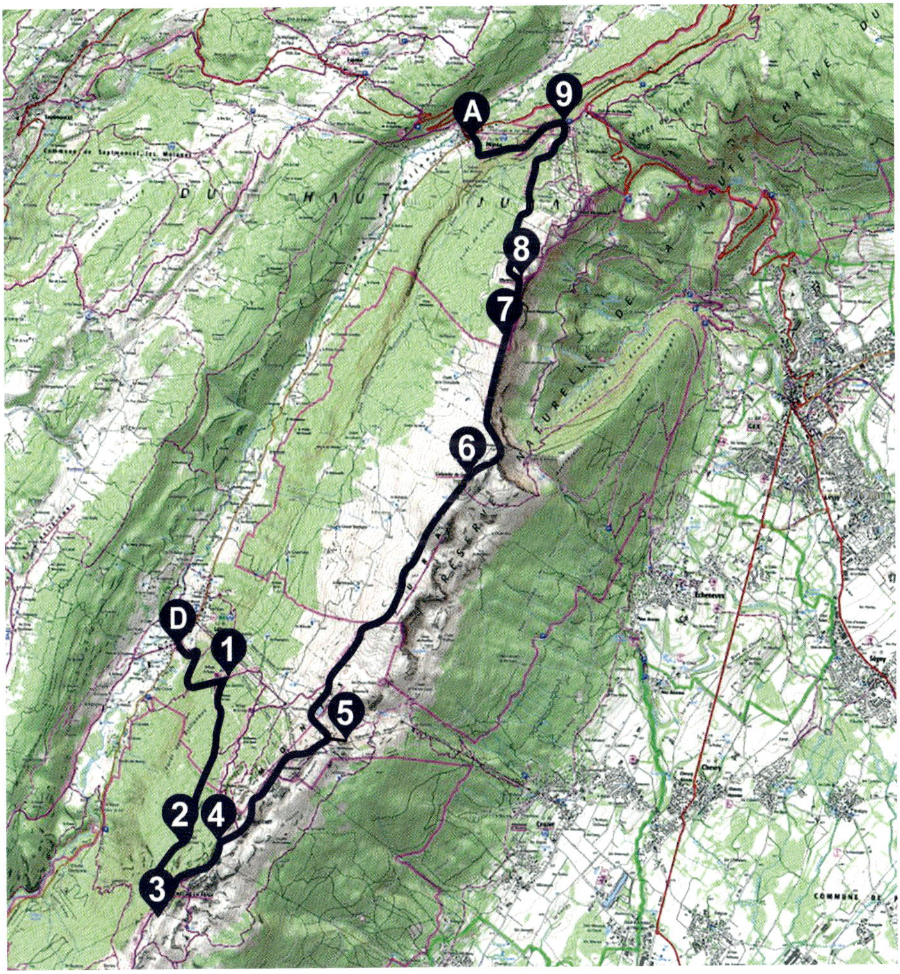

5. Poursuivre vers le nord-est en quittant le GR9 afin de rejoindre une large piste à hauteur du téléski de Montoisey. La suivre en direction du col de Crozet, longer la retenue d'eau et gagner la table d'orientation.

6. Traverser la piste et poursuivre vers le nord pour regagner la piste empruntée par le GR9 qu'on suit vers la droite. La quitter après 800 m environ et suivre le sentier qui permet de rejoindre vers la droite le sommet du Colomby de Gex.

7. Poursuivre en suivant la crête et en passant par le pas de L'Échine pour gagner le sommet du Grand Montrond.

8. Continuer brièvement vers le nord pour gagner celui du Montrond et entamer alors la descente vers la ferme du Crozat.

9. En suivant la piste dont on coupe les lacets à deux reprises par un sentier rocailleux par endroits, se diriger vers le col de la Faucille.

Longer les télécabines et, au carrefour de pistes, emprunter à gauche celle qui descend vers Mijoux et dont on coupe de nouveau les lacets à plusieurs reprises.

POINTS DE PASSAGE

D : km 0 – alt. 890 m – Lélex
1 : km 1,6 – alt. 1 197 m – Chalet du Ratou
2 : km 4,3 – alt. 1 506 m – Brulat d'en Haut
3 : km 6,1 – alt. 1 720 m – Crêt de la Neige
4 : km 7,7 – alt. 1 683 m – Grand Crêt
5 : km 10,3 – alt. 1 483 m – Col de Crozet
6 : km 14,3 – alt. 1 688 m – Colomby de Gex
7 : km 17,2 – alt. 1 614 m – Grand Montrond
8 : km 17,6 – alt. 1 596 m – Montrond
9 : km 20,7 – alt. 1 310 m – Col de la Faucille

Haute Chaîne du Jura depuis le col de la Faucille

26 L'ÉTINCELLE

Il suffit parfois d'une étincelle pour amorcer un changement majeur. Après dix années de brasserie en amateur au profit d'associations ou à l'occasion d'évènements divers, une formation en alternance, des stages et visites multiples, un emploi de salarié dans une fromagerie, Erwan décide de voler de ses propres ailes. Il crée alors sa brasserie en 2018. Initialement installée aux Granges du Poizat, l'activité s'est récemment déplacée à Nantua dans des locaux plus vastes et mieux adaptés. Les bières produites sont certifiées bio, élaborées notamment à partir de malts provenant d'Allemagne et de Belgique et de houblons français et américains. Erwan se veut éclectique, ce qui se traduit par une gamme diversifiée d'une douzaine de bières sèches, réparties pratiquement à parts égales entre classiques, spéciales et éphémères. S'y ajoutent quelques brassins vieillis en barrique, comme les *20 d'Orge* et *Stout Coco Bourbon Vanille*. À noter que les bouteilles de 75 cl et les cartons sont réutilisables.

CONTACT

Brasserie L'Étincelle
9002 route de Genève
ZI du Pradon 01130 Nantua
06 38 35 94 02
https://www.brasserie-letincelle.fr
erwan.bernard@brasserie-letincelle.fr

INFOS PRATIQUES

Ouvert mercredi - vendredi 16h-19h

UNE BIÈRE APRÈS LA RANDO ?

La Solstice, Hoppy Sour

Bière blonde élaborée à partir de malt d'orge et de flocons d'avoine. Peu amère, à l'acidité rafraîchissante et aux notes d'agrumes, elle se révèle idéale pour se désaltérer après l'effort.

QUE FAUT-IL ABSOLUMENT RAMENER DE LA BRASSERIE ?

… **Aux astronomes amateurs de sensations fortes :** *La Super Nova* – 7 % APV. Bière de style West Coast IPA à l'amertume prononcée, blonde à la robe dorée, elle est très houblonnée et exhale de belles notes fruitées.

… **À ceux qui manquent de vitamine C :** *La Saison* – 6,2 % APV. Bière de saison, douce et peu amère, légèrement acidulée, cette blonde framboise a la coloration intense et le goût prononcé des fruits frais issus de l'agriculture biologique.

LE BELVÉDÈRE DE LA COLONNE, PAR LE PLATEAU DE DON

D'origine glaciaire, le lac de Nantua couvre une superficie d'un peu moins de 150 ha. Classé site naturel protégé, il est dominé au sud-est par les monts d'Ain et à l'est par le belvédère de la Colonne auquel on peut accéder par un parcours en crête longeant la falaise des Fècles.

FICHE TECHNIQUE

- N 46.17666° / E 5.58365°
- 4 h — 905 m
- 11 km — Moyenne
- 481 m — 3228 OT

DESCRIPTION DE LA RANDONNÉE

De Nantua, emprunter la D1084 qui longe le lac par le nord. Au rond-point, prendre à droite la D984d menant à Montréal-la-Cluse puis, avant sa bifurcation vers la gauche, s'engager de nouveau deux fois à droite sur la petite route menant à la station de pompage. Stationner aux quelques emplacements disponibles sur le parking à droite.

D/A : Du parking, emprunter la piste qui s'oriente vers le sud-est (balisage jaune).

1. Après 200 m environ, monter à droite vers le plateau de Don. Quitter la piste à un carrefour et emprunter l'étroit sentier qui monte en épingle sur la gauche vers le plateau.

2. Il serpente en forêt pour rejoindre un carrefour après 1 km environ. Prendre deux fois à droite pour gagner un premier belvédère sur le lac.

3. Continuer vers l'est par une boucle qui nous ramène au carrefour précédent et poursuivre sur la piste vers la droite. La quitter de nouveau vers la droite pour un étroit sentier en direction du mont. Il conduit, en bordure de falaise, au panorama de la Grande Roche.

4. Le sentier longe ensuite un pré avant de parcourir la barre exposée des Fècles en bord de falaise et gagner à son extrémité le belvédère de la Colonne.

5. Poursuivre vers le sud-est par un sentier qui descend dans les rochers et rejoint le pré du Fulet en contrebas.

6. Remonter alors la prairie vers le nord, puis entrer dans le bois en direction de la Tour (balisage jaune). Poursuivre sur la large piste, puis prendre à gauche, traverser le Bief du Landéron à gué et prendre deux fois à gauche pour rejoindre une route.

7. La suivre vers la gauche sur 100 m environ, puis prendre la piste du chemin Neuf qui descend de nouveau vers la gauche en direction de Landéron.

Pâturage du Mont

8. Environ 500 m plus loin, emprunter à gauche un sentier abrupt qui descend vers la cascade du Landéron. Traverser à gué en direction de Montréal, rejoindre une piste et la suivre à droite pour regagner le parking.

POINTS DE PASSAGE

D/A : km 0 – alt. 495 m – Parking
1 : km 0,5 – alt. 548 m – Vers le Plateau de Don
2 : km 2,6 – alt. 732 m – Belvédère
3 : km 4,7 – alt. 828 m – Grande Roche

4 : km 5,6 – alt. 872 m – Belvédère de la Colonne
5 : km 5,9 – alt. 892 m – Fulet
6 : km 7,4 – alt. 798 m – Gué
7 : km 8,2 – alt. 801 m – Chemin Neuf
8 : km 9,3 – alt. 660 m – Gué

Buphtalme

Lac de Nantua depuis le belvédère de la Colonne

27

Welcome to Scotland. C'est ce que laisse à penser le nom de la brasserie de Sandrine et Franck, fait d'un assemblage de mots autour de leur propre nom. L'histoire commence au sein de l'association Les brasseurs du Dragon où le couple découvre l'art du brassage. Tout en conservant son activité d'informaticien, Franck effectue alors divers stages en brasserie. Il rencontre ensuite Christopher, passionné de kombucha, une boisson fermentée sans alcool élaborée à partir de bactéries et de levures. Afin de pérenniser le projet, l'entreprise à laquelle se joint Sandrine voit le jour en 2018. Les malts et houblons, en partie bio, proviennent d'Europe. Le bar se veut, à l'image des pubs, un lieu de rencontre et de convivialité où l'on peut déguster des planches apéro élaborées à partir de produits locaux. En outre, à l'occasion d'évènements, la brasserie propose aux particuliers et aux associations d'élaborer leur propre bière à partir d'une recette concoctée par les brasseurs et à l'étiquette personnalisée.

CONTACT

Brasserie Mac Never's & Co
29 rue du Clou
01430 Maillat
06 68 91 72 66
https://www.macnevers-and-co.beer/
info@biereyourself.fr

INFOS PRATIQUES

Ouvert vendredi et samedi 16h-21h

UNE BIÈRE APRÈS LA RANDO ?

La Bee Queen, Amber Ale

Bière à la robe rousse élaborée à partir du miel provenant des ruches de la brasserie ou, à défaut, d'un apiculteur local. Douce sans être sucrée, elle offre de belles notes de miel en fin de bouche.

QUE FAUT-IL ABSOLUMENT RAMENER DE LA BRASSERIE ?

... **Aux porteurs de jupe des divers sexes :** *La Y En A Soul'Kilt* – 6 % APV. Plus corsée et à l'amertume prononcée, la robe blonde de cette bière de style India Pale Ale est coiffée d'une mousse généreuse et persistante.

... **Aux praticiens des arts amoureux :** *La Kama Sutra* – 6 % APV. Bière blanche, légère et désaltérante, élaborée à base de gingembre et d'écorces de citron. Comme les autres bières de la gamme, elle est conditionnée en bouteilles de 33 et 75 cl et en fûts.

LE CRÊT DU NÛ, PAR LA GRANGE À LUCIEN

Haut lieu du maquis durant la Seconde Guerre mondiale, le plateau de Retord est une vaste étendue d'alpages et de forêts parsemée de fermes isolées et très prisée des adeptes d'activités nordiques. En saison estivale, le VTT et les randonnées pédestres et équestres ne sont pas en reste. Le plateau offre un panorama étendu, notamment sur la Haute Chaîne du Jura au nord et, depuis les belvédères entourant son point culminant le crêt du Nû, sur la chaîne des Alpes à l'est.

FICHE TECHNIQUE

N 46.04585° / E 5.71269°

6 h	1 351 m
15 km	Moyenne
324 m	3330 OT

DESCRIPTION DE LA RANDONNÉE

De Maillat, emprunter la D31 jusqu'au Petit Abergement, puis la D39 jusqu'aux Bergonnes, hameau des Plans d'Hotonnes. Stationner sur le parking en bout de route.

D/A : Du parking, emprunter la piste qui s'oriente vers le sud-est en direction de la croix des Terments.

Gentiane champêtre

1. Avant de l'atteindre, à une première bifurcation, prendre à gauche et remonter vers le nord en direction des Granges Charpy (balisage jaune). Emprunter la piste herbeuse en franchissant à plusieurs reprises des portiques jusqu'au Gros Frêne. Tourner à droite, franchir une barrière et poursuivre vers le nord.

2. La piste s'oriente par deux fois vers la gauche dans les bois de Pré Brachet puis débouche sur le plateau pour atteindre La Bauche après 1 km environ.

3. Franchir une clôture par un portique et poursuivre jusqu'à la Grange à Lucien que l'on aperçoit au loin, y franchir de nouveau la clôture et poursuivre vers le nord.

4. À la ferme de Retord, sortir des prairies pour rejoindre une large piste.

5. La suivre vers la droite pendant 500 m environ jusqu'à La Charnay. Tourner alors à droite et suivre la piste plein sud en direction du crêt du Nû (balisage blanc/rouge).

Grange à Lucien

6. Contourner la ferme du Tumet par la droite et poursuivre vers le sud.

7. La piste pénètre dans les bois, passe à hauteur du Grand Plat et rejoint une bifurcation d'où, en aller-retour, on atteint le belvédère.

8. Rebrousser chemin et poursuivre sur la piste vers le sud, d'où il est possible de rejoindre, en aller-retour, le crêt du Nû offrant un panorama limité depuis le sommet.

9. Poursuivre de nouveau sur la piste en direction de l'Angoulot, puis de la croix des Terments, d'où on regagne le parking.

POINTS DE PASSAGE

D/A : km 0 – alt. 1 145 m – Parking
1 : km 2,3 – alt. 1 144 m – Gros Frêne
2 : km 4,3 – alt. 1 240 m – La Bauche
3 : km 5,0 – alt. 1 230 m – Grange à Lucien
4 : km 6,7 – alt. 1 270 m – Ferme de Retord
5 : km 7,8 – alt. 1 257 m – La Charnay
6 : km 9,2 – alt. 1 231 m – Ferme du Tumet
7 : km 11,4 – alt. 1 328 m – Belvédère
8 : km 11,8 – alt. 1 351 m – Crêt du Nû
9 : km 14,1 – alt. 1 197 m – Croix des Terments

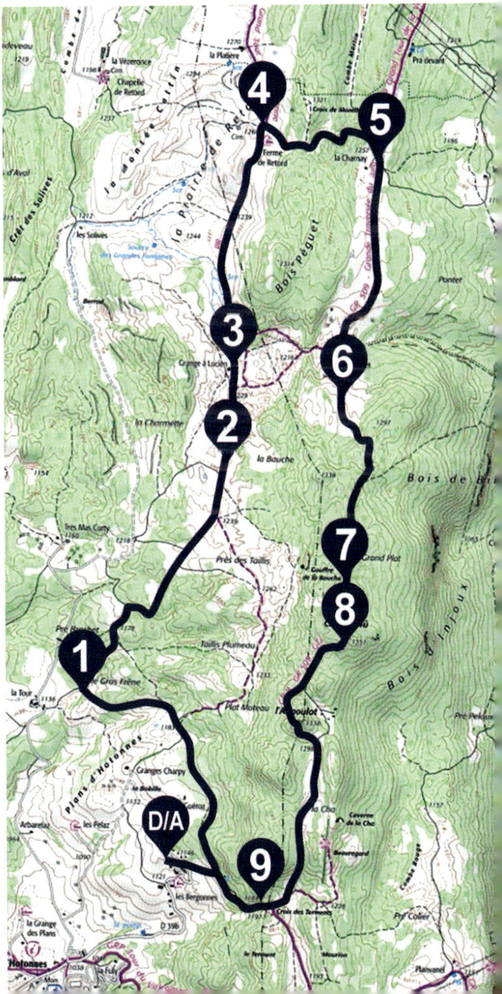

Haute Chaîne du Jura depuis le plateau de Retord

28 BRASSERIE GRANGE NOIRE

So British ! Même s'il est simpliste de résumer Grange Noire par ces seuls deux mots. Certes, Émeline et Nicolas ont à cœur de proposer des bières d'inspiration britannique, aux arômes prononcés et peu alcoolisées. Mais ce serait alors méconnaître leur intérêt manifeste pour la mise en valeur d'ingrédients insoupçonnés (genévrier, rhubarbe, pissenlit, tanaisie...). En 2017, Nicolas entame en effet une reconversion par un cursus universitaire de brassage d'un an à Édimbourg en Écosse. Accompagné d'Émeline, ils rentrent au pays pour créer la brasserie en 2019 dans une ancienne ferme à l'atmosphère authentique. Orge anglais, houblons variés d'origine européenne, sucre de betterave bio servent alors à élaborer une gamme de quatre bières permanentes. À celles-ci s'ajoutent l'une ou l'autre mûrie en barrique (Bourbon, Cognac, Macvin...) ou d'autres encore produites au gré des saisons ou de leurs envies. Leur philosophie ? Sortir des grands classiques par des recettes originales afin de se construire une identité propre.

CONTACT

Brasserie Grange Noire
10 Le Mortaray
01450 Saint-Alban
04 37 61 04 05
contact@grangenoire.com

INFOS PRATIQUES

Ouverture et visite sur rendez-vous téléphonique

UNE BIÈRE APRÈS LA RANDO ?

Le P'tit Brùnaidh, Peated Scotch Ale

Bière ambrée fumée à la tourbe, au nom évoquant un personnage du folklore écossais. Douce et ronde, elle se révèle sans trop d'amertume et offre des notes de biscuit et de caramel.

QUE FAUT-IL ABSOLUMENT RAMENER DE LA BRASSERIE ?

... **Aux collectionneurs d'objets en tout genre :** *Le Cabinet des Curiosités* – 5,5 % APV. Bière de style Dry Stout, noire, amère, sèche en bouche, à la mousse fine, elle exhale des arômes de chocolat et de café.

... **Aux disciples de Bacchus et de Dionysos :** *La Percée* – 4,7 % APV. Vieillie huit mois en barrique de Macvin, cette bière blonde de caractère allie les notes rustiques et fruitées de foin et de banane à celles boisées du tonneau.

LES ROCHERS DE JARBONNET, PAR LE COULOU

À quelques encablures de Villette où ont été mises au jour des traces de dinosaures, les rochers de Jarbonnet et leurs corniches calcaires dominent l'Ain de près de 150 m. L'avifaune y est riche en espèces emblématiques, comme le Faucon pèlerin ou le Grand-Duc, ce qui explique la délimitation de deux zones naturelles de part et d'autre du belvédère.

Ail à tête ronde

FICHE TECHNIQUE

N 46.18364° / E 5.45192°

3 h	537 m
5 km	Moyenne
345 m	3228 OT

DESCRIPTION DE LA RANDONNÉE

De Saint-Alban, emprunter la D85 vers l'ouest jusqu'à Poncin, puis la D91 vers le nord jusqu'à Serrières-sur-Ain. Prendre alors à gauche sur le pont pour rejoindre Hautecourt-Romanèche, puis à droite pour rejoindre Romanèche. Remonter la petite route en direction du belvédère et y stationner.

D/A: Du parking, emprunter vers le sud-est la route interdite aux véhicules qui descend vers l'Ain dans les bois.

1. Après 300 m environ, la quitter vers la gauche par un sentier rocailleux. Il rejoint une piste en contrebas que l'on suit alors vers la gauche en longeant la rivière (balisage jaune).

2. On pénètre dans les pâturages et, avant la bifurcation suivante, on remonte dans les courbes de niveau en longeant la clôture en direction du Coulou.

3. Pénétrer dans le bois, franchir la clôture par un portique, et prendre immédiatement à gauche pour entamer la rude montée. Après un court sentier balcon sous la barre rocheuse, la montée reprend par une pente toujours accusée.

4. Rejoindre un carrefour de sentiers à la sortie du Coulou et prendre alors à droite le

Sur le sentier balcon des rochers de Jarbonnet

sentier balcon exposé qui longe la falaise (balisage jaune/rouge), offrant de nombreux points de vue sur la vallée.

5. Le sentier tourne finalement à gauche, puis à droite pour rejoindre un nouveau belvédère, puis s'enfonce dans le bois.

6. Suivre le sentier principal vers la droite et rejoindre une large piste que l'on emprunte vers la gauche en suivant la variante des rochers de Jarbonnet (balisage jaune/rouge) qui nous ramène à la sortie du Coulou.

7. Poursuivre vers le sud jusqu'à une bifurcation avec un étroit sentier, pentu par endroits, qui descend sur la gauche et rejoint le parking.

POINTS DE PASSAGE

D/A: km 0 – alt. 345 m – Parking
1: km 0,3 – alt. 342 m – Sentier rocailleux
2: km 1,3 – alt. 295 m – Alpages
3: km 1,5 – alt. 309 m – Coulou
4: km 1,9 – alt. 437 m – Carrefour
5: km 2,6 – alt. 520 m – Belvédère
6: km 3,2 – alt. 421 m – Variante
7: km 4,4 – alt. 410 m – Sentier de retour

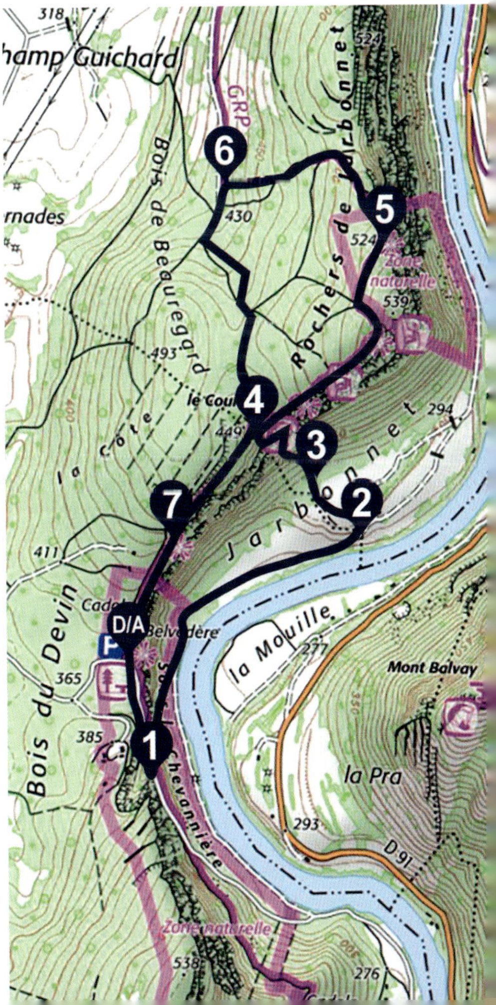

Rochers de Jarbonnet dominant l'Ain

29 Rivière d'Ain

Quand la transformation du produit plus que le produit lui-même est signe de sens. Élevé au biberon de la terre, fils d'agriculteur et agriculteur lui-même, Patrice a toujours été motivé par la valorisation des produits agricoles. Après avoir exercé diverses activités dans le domaine et l'obtention d'une bourse qui l'a amené à se rendre dans différents pays, il commence à brasser de petits volumes en autodidacte pendant plusieurs années. L'envie d'entreprendre le conduit en toute logique à créer sa brasserie en 2015 avant son installation dans de nouveaux locaux deux ans plus tard. À partir de houblons et de malts variés, y compris l'orge bio qu'il cultive sur ses terres, il n'a de cesse d'élaborer des produits en quête d'excellence. Ses bières ont ainsi été primées à maintes reprises lors de divers concours internationaux. Outre six permanentes, la gamme comprend plusieurs éphémères sous le nom de Vorgine, en référence aux rives des cours d'eau où la terre et l'eau s'entremêlent au rythme des saisons.

CONTACT

Rivière d'Ain
5 rue Samuel Péry
01640 Jujurieux
04 74 39 01 88
https://rivieredain.fr
contact@rivieredain.fr

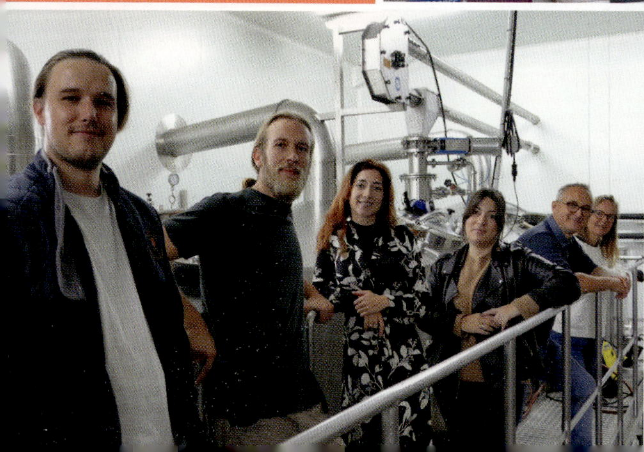

INFOS PRATIQUES

Ouvert vendredi 14h-17h30
Samedi 10h-12h et 14h-17h30
Visite sur rendez-vous

UNE BIÈRE APRÈS LA RANDO ?

La Thou, Ale

ALC DOUCE BLANCHE FRUITÉE

Bière blanche dense, à la robe dorée et parfumée aux arômes d'agrumes et de citron vert. Propre à étancher la soif, son nom fait référence aux vannes mobiles qui ferment les étangs.

QUE FAUT-IL ABSOLUMENT RAMENER DE LA BRASSERIE ?

… **Aux téléspectateurs fidèles des aventures de Fifi Brindacier** : *La Rousse* – 6,6 % APV. Bière ronde, elle doit sa couleur, son goût malté prononcé et ses saveurs de céréales grillées et de café à l'emploi de malts torréfiés.

… **À ceux qui préfèrent le farniente à la marche** : *Les Plages de l'Ain* – 5 % APV. Bière de style American Pale Ale, ronde fine et acidulée, elle révèle des notes de pêche et un parfum de coing confit.

LE MONT LUISANDRE, DEPUIS L'ABERGEMENT-DE-VAREY

Abritant les ruines d'un château fort médiéval, le mont Luisandre offre une vue étendue sur la plaine de l'Ain et les monts du Lyonnais. Le château de Luisandre fut construit au XIVe siècle durant le conflit entre la Savoie et le Dauphiné, en remplacement d'une bâtie médiévale. Le site a fait l'objet d'études archéologiques et est mis en valeur par l'association Les Amis du canton de Saint-Rambert en Bugey. Il domine le château des Allymes, tout proche, bâti en réponse à la construction du premier et en partie classé au titre des monuments historiques.

FICHE TECHNIQUE

N 46.00532° / E 5.42539°

5 h	801 m
13,5 km	Moyenne
596 m	3230 OT

DESCRIPTION DE LA RANDONNÉE

De Jujurieux, emprunter la D63 jusqu'à l'Abergement-de-Varey et stationner sur le parking à droite au bas du village.

D/A : Du parking, traverser la départementale et emprunter la rue du Moulin qui monte vers l'est.

1. Après 200 m environ, tourner en épingle vers la droite et poursuivre la montée entre les maisons (balisage double). Passer à côté d'une fontaine et rejoindre une piste qui s'oriente vers le sud. Prendre plusieurs fois sur la droite pour atteindre la départementale. Rejoindre de nouveau vers la droite le monument en l'honneur du maquis et emprunter à gauche la large piste qui monte en direction du mont Luisandre.

2. Poursuivre pratiquement en ligne droite pendant 2 km environ, traverser un

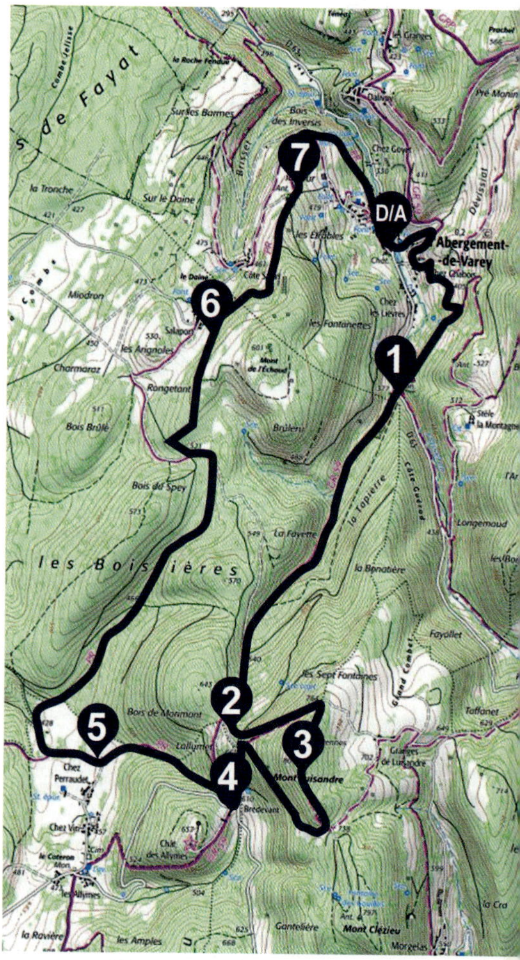

carrefour de piste et continuer la montée vers le sud, tourner à droite et rejoindre un carrefour multiple au bois de Morimont. Quitter le GR et remonter alors à gauche une piste caillouteuse (balisage jaune). Poursuivre à gauche à la bifurcation suivante en laissant à droite le chemin de retour.

3. Prendre ensuite à droite pour gagner le sommet du mont Luisandre.

4. Entamer la descente vers le sud par un sentier en terre, prendre à droite pour rejoindre la bifurcation empruntée à la montée et tourner rapidement à gauche sur un sentier qui conduit au hameau de Brédevant.

5. Traverser le carrefour, prendre à droite et immédiatement à gauche le sentier qui descend vers l'est en direction de Chez Perraudet (balisage jaune). Le sentier traverse bois et prairie et rejoint une large piste.

6. La suivre en prenant deux fois vers la droite et pénétrer dans le bois pour rejoindre un carrefour après 1,5 km environ. Prendre alors le sentier qui monte sur la droite (balisage rouge). Tourner de nouveau à droite et continuer tout droit jusqu'à hauteur du hameau de Salaport.

7. Prendre alors à droite et suivre le sentier jusque Sous la Tour. Tourner à gauche (balisage jaune), longer un enclos, traverser la piste et rejoindre la route. Prendre à droite et la quitter rapidement à gauche. Longer le cimetière et traverser le village pour regagner le parking.

POINTS DE PASSAGE

D/A : km 0 – alt. 347 m – L'Abergement-de-Varey
1 : km 1,6 – alt. 379 m – Monument
2 : km 3,9 – alt. 632 m – Bois de Morimont
3 : km 4,9 – alt. 801 m – Mont Luisandre
4 : km 6,5 – alt. 610 m – Brédevant
5 : km 7,5 – alt. 453 m – Chez Perraudet
6 : km 11,1 – alt. 522 m – Salaport
7 : km 12,1 – alt. 457 m – Sous la Tour

Plaine de l'Ain et château des Allymes depuis le mont Luisandre

30

De la théorie à la pratique ou comment passer de la réflexion philosophique à l'activité brassicole. C'est en effet la voie choisie par Ludwig qui, après l'obtention d'un master en philosophie et une activité dans le domaine de l'écologie sociale, décide en 2017 de créer la Brasserie du Bugey suite à la fermeture de la Brasserie du Plateau. Originaire du nord et avide d'indépendance, amateur de bières et autodidacte, il s'inspire de nombreuses lectures pour élaborer ses premiers brassins dans une grange. Avec d'autres, il acquiert récemment un vaste bâtiment qui abrite progressivement diverses activités, notamment artistiques (sculpture, photographie…). Il y brasse à la main une gamme de bières permanentes et éphémères élaborées à partir de malts, de houblons et de sucre issus de l'agriculture biologique, incluant plantes sauvages et autres produits naturels. Adepte du circuit court et soucieux de réduire son impact environnemental, les bières sont distribuées exclusivement dans des magasins de producteurs.

CONTACT

Brasserie du Bugey
Avenue Félix-Mangini
01110 Hauteville-Lompnes
06 67 36 43 36
ludwig.debelvalet@gmail.com

UNE BIÈRE APRÈS LA RANDO ?

La Blonde à la fleur de Sureau, Flower Ale

ALC LÉGÈRE BLONDE FLORALE

Bière saisonnière, légère et aux notes fruitées, elle est confectionnée à partir de fleurs sauvages issues d'une « cueillette maison ». Elle est conditionnée en bouteilles de 75 cl, tout comme les autres bières de la gamme.

201

QUE FAUT-IL ABSOLUMENT RAMENER DE LA BRASSERIE ?

... **Aux patients cueilleurs de drupéoles :** *La Blanche Framboise* – 5,5 % APV. Bière légère, fruitée et acidulée, élaborée à partir de 60 % de malt de blé et de framboises issues de l'agriculture biologique.

... **À Charles Dadant et quelques autres :** *L'Ambrée* – 5,5 % APV. Cette bière ronde est brassée à partir de quatre malts (Pilsen, Munich, Caramunich et Melanoidin) et de miel produit par un apiculteur bio du Bugey.

LA CROIX DU GRAND COLOMBIER, PAR L'HERGUES

À plus de 1 500 m d'altitude, à l'extrémité sud du massif du Jura et dominant le lac du Bourget, le Grand Colombier offre un vaste panorama sur de multiples massifs et les grands lacs alpins. Il est facilement accessible depuis le col situé une centaine de mètres en contrebas. Le massif du Grand Colombier est labellisé Espace naturel sensible. Plus au nord et offrant également un large panorama, l'Hergues domine le site de l'ancienne Chartreuse d'Arvière construite au XIIe siècle.

FICHE TECHNIQUE

N 45.95198° / E 5.75537°

6 h	1 525 m
14,5 km	Moyenne
703 m	3331 OT

DESCRIPTION DE LA RANDONNÉE

De Hauteville-Lompnes, emprunter la D9 jusqu'à Hotonnes puis la D9a jusqu'à Brénaz. Remonter ensuite la route vers l'est pour gagner le Golet de la Biche. Stationner au parking de la Grange d'en Bas après le col.

Épilobe à feuilles de romarin

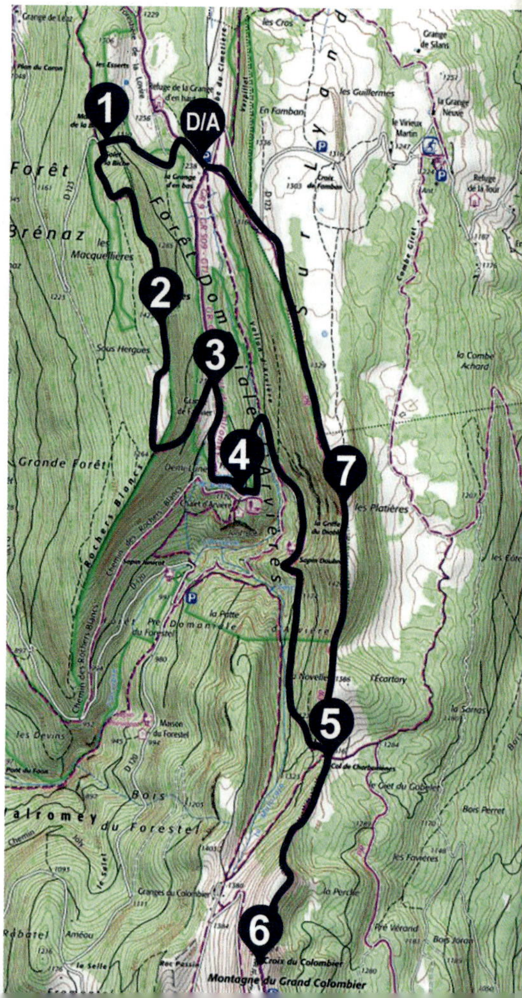

Griffe du Diable et Grand Colombier depuis l'Hergues

D/A : Du parking, remonter la route du Golet de la Biche sur 500 m environ.

1. Au-delà du col, prendre à gauche la piste en direction du col du Grand Colombier. La quitter ensuite vers la gauche et suivre un sentier qui monte puis tourne à droite (balisage jaune).

2. Rejoindre la crête ouest du vallon d'Arvière et gagner le sommet de l'Hergues.

3. Poursuivre vers le sud parmi les alpages et rejoindre une piste. La descendre vers la gauche puis, au prochain carrefour, vers la droite pour rejoindre la Grange de Falavier (balisage blanc/rouge).

4. La piste opère ensuite un double virage de 90° vers la gauche à proximité du chalet d'Arvière et du site de l'ancienne Chartreuse, remonte ensuite vers le nord, puis forme une épingle vers le sud en franchissant l'Arvière.

5. À la bifurcation suivante, emprunter la piste de gauche qui passe près d'un arbre remarquable, puis remonter la piste jusqu'au col de Charbemènes.

6. Emprunter alors en aller-retour le sentier, pentu et rocailleux par endroits, qui remonte dans le bois, débouche dans les alpages et conduit à la croix du Grand Colombier.

Rebrousser chemin jusqu'au col de Charbemènes et poursuivre vers le nord en direction de la Grange d'en Bas (balisage jaune).

7. Le sentier monte brièvement pour gagner la crête est du vallon d'Arvière et se prolonge vers le nord dans les pâturages jusqu'à la Griffe du Diable. Poursuivre vers le nord, rejoindre la route menant au Golet de la Biche et prendre immédiatement à gauche. Pénétrer dans le bois par une barrière et sortir sur l'alpage, d'où on regagne le parking vers la gauche.

POINTS DE PASSAGE

D/A : km 0 – alt. 1 249 m – Parking
1 : km 0,7 – alt. 1 313 m – Golet de la Biche
2 : km 2,0 – alt. 1 425 m – L'Hergues
3 : km 3,6 – alt. 1 238 m – Grange de Falavier
4 : km 4,4 – alt. 1 179 m – Chalet d'Arvière
5 : km 7,4 – alt. 1 316 m – Col de Charbemènes
6 : km 8,9 – alt. 1 524 m – Croix du Grand Colombier
7 : km 12,0 – alt. 1 397 m – Griffe du Diable

Point de vue du chalet d'Arvière

Lac du Bourget depuis les pâturages du Grand Colombier

DANS LA MÊME COLLECTION

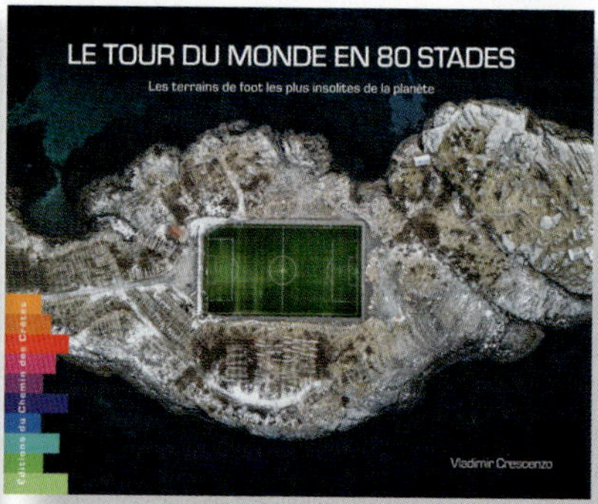

Rando-bière
en France
Jolies balades et brasseries
artisanales de qualité
Éditions du Chemin des Crêtes
Rami Dahdah

RANDO-BIÈRE EN
DRÔME-ARDÈCHE
Belles balades et
brasseries artisanales de qualité
Éditions du Chemin des Crêtes
Xavier Hug

RANDO-BIÈRE
EN ALSACE
Belles balades et
brasseries artisanales de qualité
Xavier Hug
Éditions du Chemin des Crêtes

RANDO-REFUGE
DANS LES ALPES DU NORD
Belles balades et
refuges de caractère
Isère
Savoie
Haute-Savoie
Éditions du Chemin des Crêtes

RANDO-FROMAGE
DANS LES ALPES DU NORD
Belles balades et fromageries de qualité
Isère
Savoie
Haute-Savoie
Éditions du Chemin des Crêtes

RANDO-BIÈRE
DANS LES ALPES DU NORD
Belles balades et brasseries
artisanales de qualité
Isère
Savoie
Haute-Savoie
Éditions du Chemin des Crêtes

LES PLUS BELLES
RANDONNÉES
VISORANDO
70 randonnées à travers la France
Éditions du Chemin des Crêtes

RANDO-VIN
EN FRANCE
Belles balades et
domaines viticoles de qualité
Éditions du Chemin des Crêtes
Romy Ducoulombier

SOMMETS AUTOUR
DU MONT-BLANC
De la randonnée sportive à l'alpinisme
30
itinéraires
d'exception
Éditions du Chemin des Crêtes

Pour en savoir plus sur les Éditions du Chemin des Crêtes, vous pouvez consulter notre site Internet et retrouver notre boutique sur :

www.chemindescretes.fr

Vous pouvez également suivre notre actualité sur les réseaux sociaux :

Éditions du Chemin des Crêtes

chemin_des_cretes_editions

À bientôt sur le chemin des crêtes !

IMPRIMÉ & RELIÉ en FRANCE par SEPEC

IMPRIM'VERT®

PEFC 10-31-1470 / Certifié PEFC / Ce produit est issu de forêts gérées durablement et de sources contrôlées. / pefc-france.org